全国教育科学"十三五"规划 2016 年度教育部重点项目"中美日高校科研项目资助绩效第三方评价制度比较研究"（项目编号：DDA160237）

高校科研项目资助绩效
第三方评价制度的
国际比较研究

李润华 著

天津出版传媒集团

天津人民出版社

图书在版编目（CIP）数据

高校科研项目资助绩效第三方评价制度的国际比较研
究 / 李润华著. -- 天津 ： 天津人民出版社，2022.2
ISBN 978-7-201-18001-4

Ⅰ．①高… Ⅱ．①李… Ⅲ．①高等学校－科研活动－
评估－研究－中国 Ⅳ．①G647.5

中国版本图书馆 CIP 数据核字(2021)第 278875 号

高校科研项目资助绩效第三方评价制度的国际比较研究
GAOXIAO KEYAN XIANGMU ZIZHU JIXIAO DISANFANG PINGJIA ZHIDU DE GUOJI BIJIAO YANJIU

出 版	天津人民出版社	
出 版 人	刘 庆	
地 址	天津市和平区西康路 35 号康岳大厦	
邮政编码	300051	
邮购电话	(022)23332469	
电子信箱	reader@tjrmcbs.com	
责任编辑	郑 玥	
特约编辑	佐 拉	
装帧设计	汤 磊	
印 刷	天津新华印务有限公司	
经 销	新华书店	
开 本	710 毫米×1000 毫米 1/16	
印 张	13.25	
插 页	2	
字 数	200 千字	
版次印次	2022 年 2 月第 1 版 2022 年 2 月第 1 次印刷	
定 价	89.00 元	

前　言

　　高校是国家创新体系的核心组成部分,是实现科技原始创新的源头。高校的创新与研发能力已经成为衡量一个国家发展及经济繁荣最关键性的指标之一。我国对于高校科研创新工作的重视不断加强,对高校科研投入力度逐年加大。中央政府相继出台《国家中长期科学和技术发展规划纲要(2006—2020 年)》(2006)与《关于调整国家科技计划和公益性行业科研专项经费管理办法若干规定的通知》(2012)等加强高校监管,地方各界也响应号召进行了积极实践。但是随着科研经费的持续较快增长,科研经费的滥用、挤占挪用以及投入与产出不匹配等管理的积弊也随即凸显出来,引起社会各界对科研经费的规范使用和产出绩效等问题的重点关注。高校科研项目资助绩效第三方评价制度因此成为近年来高等教育领域里的一个重要理论和实践问题。

　　恰适而有效的评价机制是促进高等教育进一步提升质量、追求卓越的关键所在。《国家中长期教育改革和发展规划纲要（2010—2020 年）》在第七章高等教育中特别提到要"提升科学研究水平"，具体而言，就是要"完善以创新和质量为导向的科研评价机制"。其后，党中央、国务院出台了一系列关于科技创新和经费管理的改革举措，具体如《深化科技体制改革实施方案》（中共中央办公厅、国务院办公厅，2015）、《国务院关于全面加强基础科学研究的若干意见》（国务院，2018）、《关于深化项目评审、人才评价、机构评价改革的意见》（中共中央办公厅、国务院办公厅，2018）、《关于规范高等学校 SCI 论文相关指标使用树立正确评价导向的若干意见》（教育部、科技部，2020）以及破"五唯"、破除"SCI 至上"等，核心就是要"研究制定科研机构创新绩效评价办法"，"构建更加高效的科研体系"，从而提升科技创新的原创能力，提升科技发展的质量和贡献。

对面临创建"双一流"的高校科研而言，科研绩效评价发挥着重要的引领和导向作用。因此，新时期的高校科研，在充分认识高校科研项目资助绩效第三方评价本质的基础上，把科学管理理论作为高校科研项目资助配置的理论依据，及时借鉴世界发达国家的制度与做法，分析国外相关理论和高校科研资助绩效第三方评价制度在我国的适用性，进而为我国科研经费管理制度改革提出具体政策建议等诸多问题，都需要我们从理论和实践的角度进行深入探讨。

2016 年，笔者申报了全国教育科学"十三五"规划 2016 年度教育部重点项目"中美日高校科研项目资助绩效第三方评价制度比较研究"获得批准，项目编号为 DDA160237，使笔者及研究团队得以有机会对中美日三国高校科研项目绩效第三方评价制度进行深入、系统的研究。本书立足我国高校科研项目资助绩效第三方评价制度改革与发展中的实际问题,通过对我国高校科研项目资助绩效第三方评价制度的调查研究,探讨其发展沿革、存在的问题和差距,分析其背后原因,为寻求我国高校科研项目资助绩效第三方评价制度的改革路径提供现实基础,提高建设措施与策略的科学性与有效性。同时,本书的主要目的并不止于总结我国高校科研项目资助绩效第三方评价存在的问题和弊端,也不是进行"头痛医头、脚痛医脚"浅尝辄止的"问题－对策式"讨论,而是通过借鉴美国和日本的经验,系统地为我国的高校科研项目资助绩效第三方评价制度改革给出逻辑一致的政策建议,从而为理解和解决困扰当前高校科研管理的核心问题提供更为长远的改革思路,促进我国高等教育的改革与发展。在这里呈献给大家的这部著作即是该项目的主要研究成果。

毋庸置疑,由于我们水平有限,深知本书还有很多缺陷和问题,希望专家、学者和读者提出批评建议,我们一定聆听、学习和修改。在研究和撰写过程中,我们参考了国内外的许多研究成果,在此未能一一列出,敬请谅解。

李润华

北京联合大学

2021 年 5 月 10 日

目录
CONTENTS

第一章 高校科研项目绩效第三方评价的理论研究

科技创新活动从追求数量转变为追求质量,实现高质量内涵式发展是迎接新一轮世界科技革命与产业变革的必然要求。而这一目标的实现,离不开科学的高校科研评价体系支撑。近年来,在我国科技创新领域出现了价值追求扭曲、学风浮夸浮躁和急功近利等问题,不利于高等教育高质量、内涵式发展,不能满足新时代对教育改革发展的要求,不利于教育强国和科技强国的建设。打破科技创新中的功利主义,去除学术泡沫,塑造踏实创新的优良氛围,将是新时代科技发展新阶段提出的新要求。目前学界对于高校科研评价的相关基础概念尚未达成共识,其在理论和实践层面仍存在尚未厘清的概念和亟待解决的问题,因此在学理层面对其进行探讨十分必要。本章将首先分析高校科研评价的相关概念、发展历程与基本特征以及绩效第三方评价制度的基本要素等重要问题,从而为后续研究做好理论铺垫。

第一节 高校科研评价的相关概念

受研究方法、思路以及侧重点不同的影响,国内外有关高校科研评价的研究各具特色、各有千秋。欧美发达国家的科研评价起步较早,拥有较为完善的科研评价体系。其相关研究主要以绩效评价为主,在衡量高校科研能力和水平时,相较研究成果的"数量"而言,更加看重研究成果的"质量",关注国际认同、科研成果和学术声誉,采用可以完全量化、重复验证的客观数据作为主要数据用以衡量科研成果。国内的科研评价起步较晚,自20世纪90年代末才频繁见诸学术期刊和报端。

一、科研评价

我们在对"科研评价"进行概念界定之前,首先需要了解什么是科研?什么是评价? 关于"科学研究"(Science research)有着不同的定义。我国教育部对其的定义是"为了增进知识包括关于人类文化和社会的知识以及利用这些知识去发明新的技术而进行的系统创造性工作"。美国资源委员会将其定义为"科学领域中的检索和应用包括对已有知识的整理、统计以及对数据的搜集、编辑和分析研究工作"①。《教育大辞典》中关于"科学研究"的

---

① 宋健:《现代科学技术基础知识》,科学出版社,1999年,第6页。

定义是"运用科学方法探求事物的本质及其运动规律的活动"①。

关于"评价",常被译作 Evaluation,抑或是 Assessment。澳大利亚官方政策文本中常使用前者,我国学者在翻译过程中则经常混用二者。《教育大辞典》对"评价"的定义是"对事物价值的判断"②。我们还可以将"评价"理解为评价者基于其评判准则,通过判断被评价的人或者事物各方面的内容,结合主观和客观等各方面因素,利用观察、谈论、综合计算等量化或非量化方法,复合分析后得出一个合理的、客观的、公平且符合逻辑思路的结论。从本质上看,评价的过程呈现出复杂性、烦琐性和多样性等特征,它是构成人类思维和认知活动的结构模型中最根本的要素之一。③

通过对"科研"和"评价"的综合理解,我国学者丁宇认为科研评价就是评价主体依据一定的标准,对科研活动的要素、过程及成效等予以客观恰当的价值判断,进而得到评价结果的活动。科研评价主要有两项重要作用:一是导向作用,以一定的评价标准去引导科研人员从事具备某种性质的活动,引导科研机构的工作和发展方向;二是信息支撑作用。科研评价为科研管理与决策提供信息支持。④ 丁敬达等认为"科研评价"是在一定的科研目标的基础上,采用科学的方法对科研活动及其投入产出情况进行判断,以对科研活动进行管理、监督、预测和调控,并为决策提供依据的一种认识活动。⑤

————————

①② 顾明远:《教育大辞典》,上海教育出版社,1992 年。

③ Henk E,Moed,Mare Luwel etal,Towards research performance in the Humanities,*Library Trends*,2002.

④ 丁宇:《基于国家主导的科研评价制度建设》,中南民族大学,2008 年,第 3 页。

⑤ 邱均平、丁敬达:《科研评价指标体系优化方法研究——以中国高校科技创新竞争力评价为例》,《评价与管理》,2010 年第 1 期。

陈洋子认为"科研评价"视为以清晰而明确的评价目标为导向,利用科学合理的评价方法,对科研活动进行调查研究、实证检验、观察预测等工作,从而对科研事前、事中和事后一系列活动进行价值判断和提供决策的过程。[①]李志民认为科研评价既是科技管理的工具,是对科技活动进行规划、决策、管理、监督的手段,又是学术共同体对科技发展内在的基本的学术认识活动,是对科研产出和影响的价值判断。[②]

结合高校科研评价的理论基础以及既定概念的相关界定,本书认为"科研评价"是出于某些明确的评价目的,采用严谨的评价标准与方法,严格把控评价程序,对科研水平进行判断,得出评价结果的活动。"高校科研评价"则是指在系统、科学和全面搜集、整理、处理与分析科研活动的基础上,依据一定的评价标准,打破论文唯上的僵化考核体系,重点关注两个问题:一个是利益相关者的问责制诉求,另一个则是科研成果的实际价值和社会贡献。通过对高校科研机构或科研人员所进行的科研活动的投入、产出、影响力等各方面的价值做出客观的恰适判断,从而达到提升高校科研质量和科研水平的目的。

二、绩效与科研绩效评价

(一)绩效与科研绩效

"绩效"一词来源于英文"Performance",是一种管理学概念。"绩效"具

---

①　陈洋子:《大学科研评价体系的国际比较研究》,江西师范大学硕士学位论文,2017年,第14页。
②　李志民:《评价与时俱进,科研回归初心》,《光明日报》,2020年3月3日。

有丰富的内涵,其概念具有多维度的建构特点,对其进行观察与度量的角度不同,其概念内涵亦有差异。总结目前学术界对于绩效的内涵界定,可以大致得出以下三类观点:

第一类是把绩效视为结果,如 H. John Bernardin,Jeffrey S. Kane 等学者均将绩效明确界定为"行动的结果"。Bernardin 认为绩效应该定义为工作的结果,因为这些工作结果与组织的战略目标、顾客满意度及所投资金的关系最为密切。[①] 绩效结果论关注的焦点工作或行为产生的最终结果,通常采用产量、利润率等一些容易定量化的指标来衡量。从操作性上考虑具有简便与经济的优点。

第二类是把绩效看作行为与过程,即绩效是组织员工的工作行为。此观点曾在西方理论界盛行一时。Campbell(1993)提出了绩效行为论的权威观点,认为绩效是行为的同义词,而不是行为的后果或结果,是人们实际做的并且可以观察到的行为,并概括了绩效是行为、可观察以及组织目标相关的三大特征,奠定了绩效可测度的基础。[②]

第三类是以上二者的综合,认为绩效具有行为与结果的双重内涵,行为与结果具有不可分割性,二者具有手段与目的的辩证关系。Brumbrach(1988)指出绩效指行为和结果,行为由从事工作的人表现出来,将工作任务付诸实施。行为不仅是结果的工具,其本身也是结果,是为完成任务所付出

---

① H. J. Bernadin, J. S. Kane, *Performance appraisal: A contingency approach to system development and evaluation*, second edition, PWS - Kent, 1993.

② Campbell, J. P, Francisco, Murphy. G, Human resource management, 6th edition chapter 12, *International Journal of Project Management*, 1993.

的脑力和体力的结果,并且能与结果分开进行判断。① 我国学者杨杰等详细

比较分析了 Performance 一词在不同语境下的含义并梳理了国内外绩效评价

的研究成果,他们认为对于绩效的理解应采用系统与发展的眼光,对于绩效

的界定应综合考虑时间、方式和结果三因素,即绩效可定义为"某个个体或

组织在某个时间范围内以某种方式实现的某种结果"②。上述三种绩效观反

映了绩效多维度的特性,绩效的内涵应随着时间与管理情境的变化而动态

发展。

科研绩效一般指科学研究绩效评价的理论与方法。③ 科研绩效与科研

潜力、科研能力、科研水平等都可以看作反映一个组织或机构在一定时期内

科研工作总体水平及其发展能力的指标,并可通过科研成果的产出、科研管

理水平的高低等因素来体现。本书认为,在绩效管理尤其是科研绩效管理

的具体实践中,应采用较为宽泛的绩效概念,即既包括结果,又涵盖行为、能

力等,至于具体侧重或采用哪一方面进行具体考核,应根据具体组织机构的

实际情况做出决定。

(二)绩效评价与科研绩效评价

一般来讲,绩效评价是指评价主体依照预先确定的标准和一定的评价

程序,运用科学的评价方法、按照评价的内容和标准对评价对象的工作能

---

① Brumbrach, *Performance Management*, The Cronwell Press, 1988, p. 15.

② 杨杰、方俐洛、凌文辁:《关于绩效评价若干基本问题的思考》,《自然辩证法通讯》,2001 年第 2 期。

③ 戚涌、李千目:《科学研究绩效评价的理论与方法》,科学出版社,2009 年。

力、工作业绩进行定期和不定期的考核和评价。

科学研究绩效评价是科学研究管理工作的重要组成部分,对科学研究活动的持续深入开展起着重要的促进和支撑保证作用。具体来说,科学研究绩效评价是指运用科学、规范的评价方法,对一定时期科学研究的投入、产出和效率、效益以及影响进行定量及定性的分析,做出真实、客观、公正的综合性评判。

随着高校功能的不断拓展和科技工作的不断深入,高校的科研活动已经超出了科学技术研究的范畴,而进一步拓展到 R&D(科学研究与试验发展)成果应用以及科技服务。科研绩效评价相应地就有了更广泛的内涵和外延。它是对科研人员所有科技创新活动进行衡量、评价的正式系统,以揭示其工作的有效性及其未来工作的潜力。对高校科学研究的绩效进行评价可以优化资金分配,调整科技计划和研究机构的方向,提高管理水平和科学研究的效率。科学合理的科研绩效评价体系不仅可以为政府加大对科学研究的投入提供依据,更是加强、改进科研管理,不断激发科研人员创造热情,促进科研成果质量提升的保证。

三、第三方评价

近年来,随着"第三方评价"在教育与科学技术领域的广泛应用,"第三方评价"成为一个炙手可热的概念。对于何谓"第三方评价",学术界见仁见智。国外关于第三方评价的研究和讨论起步较早,多集中在高等教育质量保障和科研计划项目管理领域。国内关于第三方评价的研究则起步较晚,进入 21 世纪后才逐渐成为政府和学术界关注的热点和焦点。

美国著名的社会学家和高等教育学家伯顿·R. 克拉克（Burton R. Clark）（1982）在其著作《跨国视野下的高等教育系统——学术组织研究》中提出了"缓冲机构说"，把第三方评价表述为"buffer organization/institutions"，认为"这种独立于政府和高校的中介组织，虽然并非唯一的、具有巨大学术影响的工具，却是先后被各国所采用的、在高等教育不同领域和政府的各级机构中实施的一个主要方法"。① 受克拉克"缓冲机构说"理论的影响，其后学术界关于大学中介机构的研究长期局限于大学与政府之间。

伊莱恩·伊尔·卡瓦斯（Elaine El - Khawas）（1994）在其著作《外部保障系统》中首次对评价中介机构进行了概念界定，即"评价中介机构的创建一般而言是为了紧密政府部门同独立组织间的关系，以便达到一种特殊的公共目的。评价中介机构是一个正式创建起来的团体"②。此后虽有一众学者对此概念内涵进行了丰富和完善，但本质上并没有脱离伊莱恩·伊尔·卡瓦斯所提出的独立于政府之外的中介机构这一论述。

自日本政府在高等教育质量评价中引入第三方评价以来，日本学术界对于"第三方"的概念界定一直未能达成共识。日本学者越野泰成认为大学相关评价由以下三部分组成：①各大学实施的自我检查和自我评价；②校外的第三方机构实施的评价及政府机构实施的评价；③其他公共媒体、企业以

---

① Burton R. Clark, *The Higher Education System—Academic Organization in Cross - National Perspective*, The University of California Press, 1982, p. 67.

② Elaine El - Khawas, External Scrutiny, *US Style*: *Governments and Professional Education*, Society for Researchinto HE and Open University Press, 1994, p. 35.

及高校从业人员等利益相关者实施的评价。① 其中,①体现了二战后日本政府秉承的大学自治与学术自由的教育理念,通过把大学教育研究活动的目的、特征与成果等信息向社会公开,明确存在的问题和亟待解决的课题,从而谋求维持和提高大学教育教学质量。②则是日本政府为了完善监督制约机制,由文部科学省组织策划指导,以相对独立于政府和大学之外的专门评价机构为操作实体,对大学的办学资格和教育教学质量等进行评价的活动。第三方评价进一步缩小了大学信息公开情况与公众期望的差距,打破了"象牙塔"的藩篱,促使大学从封闭走向开放,与社会进行"对话",让社会公众得以了解、监督并参与到大学管理中来。高等教育领域的第三方意味着学术追求与社会效益兼顾。

　　自 20 世纪 90 年代起,我国就有学者在报刊上发表介绍教育领域的第三方评价的学术文章。教育界围绕第三方评价的学理探讨及相关实践,至今也已走过二十余年历程。我国学者陈静等认为第三方评价又称社会评价,是一种和内部评价有显著区别的外部评价形式。"第三方"主要是指处于第一方(被评价对象)和第二方(服务对象)之外的某个客体,意味着独立、他者与客观。一般意义上,第三方同第一方、第二方之间既不存在行政上的隶属关系,也没有经济上的相关性,是具有独立性的第三方。广义上的第三方评价主体,包括社会团体、相关的科研机构、民间评价机构等。② 我国学者储朝

---

① ［日］越野泰成:「大学評価についての一考察(1):法と経済学の視点より」,「琉球大学経済研究」,2018(03):2-3.

② 陈静、张其敏:《研究生教育质量评估中的第三方参与问题研究》,《学位与研究生教育》,2015 年第 3 期。

晖认为,可以把教育领域的第三方评价理解为在整体社会法治框架内,教育主管部门让渡专业的空间,专业第三方机构发挥独立于政府和学校的社会中介组织的主体功能,以服务外包的方式对教育教学及管理等各方面进行评价的活动。这一模式的核心在于该评价活动是由与教育活动本身无直接利益关系的第三方专业组织实施,具有更强的中立性和客观性。从广义的范畴讲,所谓的"第三方"包括了研究机构、高等院校、教育智库、民间机构、社会公众和舆论等不同主体。①

四、科研评价体系

科研评价体系是高校科研工作的风向标,直接影响高校教师学术研究的导向,其改革是当前高等学校综合改革的重要组成部分。作为拥有较多世界一流大学和一流学科的欧美西方发达国家,其体系和制度相对我国较健全。我国高校对科研评价工作的开展较晚,但近年来取得了长足发展。目前,我国高校普遍建立了科研评价体系,这对增强教师科研意识、促进科研工作、提高教师科研能力固然起到了积极作用。但是唯科研轻教学的评价倾向、论文数量"一刀切"的评价方法、评价主体单一固化等顽瘴痼疾若得不到尽早整治根除,势必会影响整个国家人才培养质量和科技竞争力,必须引起高度重视。

---

① 蔡华健:《走向第三方教育评价:教育改进中的一个新议题——访中国教育科学研究院研究员储朝晖博士》,《生活教育》,2019 年第 5 期。

高校科研所承载的"顶天""立地""育人"使命与任务,必然要求高校科研评价体系与之相适应。高校科研评价是一项复杂的系统性工程,其体系主要由评价主体、评价对象、评价目标、评价方法、评价指标、评价结果等基本要素构成。科研评价指标的设置直接影响到科研成果的评定,科研成果的考核又是评价工作的落脚点。因此,在设置科研评价指标时,需要考虑到学校的类型、教育层次、学科类别、中长期规划目标等多种影响因素,结合实情、合理选取评价指标和设置指标权重,建立分类评价标准和开放评价方法,根据不同层次、不同类型科研的特点,确定不同的评价目标、内容和标准,分类指导、分类考评,从而为实现大学科研评价体系中各要素的有机融合奠定基础。

例如,科研成果的价值虽然可以依据在一定层次的期刊上发表论文来评价,但这只是科研评价的一种方式,而且主要适用于基础性、理论性研究,并不适用于所有科研领域。至于量化考核,虽然可以避免人为主观因素的影响,使评价结果相对客观,但若把这一方式固化并泛化到所有研究领域,那就背离了科研规律,没有抓住科研作为精神产品生产所具有的特殊性。[①]只有构建高效合理的大学科研评价体系,才能更加准确客观地考察各类大学的科研水平,并为学校科研能力和核心竞争力的增进起到强有力的支撑作用。

---

① 王小梅:《高校科研评价应与自身使命相适应》,《人民日报》,2015 年 7 月 21 日。

（一）评价主体

结合国内外高校科研绩效评价的实践，我们可以把评价主体大致分为外部评价者和内部评价者两大主体。

1. 外部评价者

外部评价者由以政府部门主导的官方评价机构和以社会第三方组织主导的非官方评价机构组成，在高校科研评价活动中往往起到问题诊断的作用，即通过外部监督和调控来改进与评价高校内部科研管理体制，从而达到合理分配科研经费并提高资源使用效率的目的。

政府部门主导的官方评价机构一般是指政府下属机构的教育管理部门，管理者通过指导和监督高校科研活动的开展，评价大学科研工作的绩效，规范评价过程的具体操作，激励科研人员把更多的时间精力投入科研创新活动。社会第三方组织主导的非官方评价机构主要来自社会第三方组织、各类科研机构和高校个人。美国是最早开展科研绩效评价的国家，经过多年发展，科研绩效评价已成为制度化的经常性工作。自20世纪60年代美国高等教育机构开展全面评价活动后，其高校科研领域的评价主体就以私立的、非营利性专门机构为主。这类社会第三方组织不仅拥有较为完备的科研管理体系，而且在评价结果上也相对客观和公正。目前我国并没有建立起较为权威的第三方评价组织，评价主体更多的是由高校个人或者是科研机构自发组成，评价结果存在缺乏公平性、公正性和客观性等问题。

2. 内部评价者

内部评价者又称自我评价。建立健全自我评价制度是高校自身发展紧迫而重要的任务。人才培养(教学)、科研与社会服务是高校的三大职能,三者不仅同等重要,而且相互促进,应使它们形成合力,打造三者相互支撑、相互促进的共生体。高校通过自我评价,能及时掌握学校自身教学工作状况,增强质量保障意识,有效达成教育教学目标,进而实现内部有限资源的高效利用。

科学研究有其自身的规律性,需要长期积淀、团队合作和"宁静致远"的境界,需要和教学形成互动,更重要的是宽容多次失败。我国许多高校的科研管理实践证明,如果用管理产品生产的方式来管理科研,提出"稳产、高产"的绩效目标,用"个人计件制"下的"年产量"来考核教师,将会带来浮躁的科研心态和急功近利的科研行为,会阻碍长期团队合作下的高质量创新成果的产生,而且重压之下容易出现学术不端的行为,同时也会导致教学质量下滑。因此,高校定期开展科研自我评价工作时,应当淡化综合排名,强化大学的独特性;淡化评价指标的数据(如 SCI 分区和论文数量等),强化真正的科研目标——对科学技术发展的实质性贡献,并对评价结果进行及时的反馈和调整。

(二)评价目标

高校科研评价的目标涵盖广泛,总体来说,从科研管理体制、科研活动进展、科研资源构成以及科研产出四个方面,对其科研能力进行综合评价。高校科研管理体制健全与否决定着高校科研工作的规范,故而不能忽视对科研管理体制的全面评价。然而在实际评价过程中,受成本等各方面因素的制约,科研管理体制的评价工作相对比较烦琐和困难。因此,国内外各类评价主体为节约成本,往往从大学科研活动进展、大学科研资源构成和大学科研成果三个方面进行评价与考察,通过可验证的数据作为参考值,确保科研评价工作的客观性、可靠性和有效性。为提高评价结果的信度和效度,国外也有一些政府委托的专门评价机构在评价大学科研能力时,通过来自专家和民众两大主体的调查打分,获取有关评价大学科研管理情况的相关数据。

(三)评价方法

高校科研评价的基本方法主要包括定性评价法、定量评价法以及定量与定性相结合的综合评价法三种。不同评价方法的选择,通常会产生不同的评价结果。

定性评价是评价者根据自身的主观认知和个人经验,对被评价者平时行为、状态和表现的观察,或对现有文献资料的研究与分析,做出质性结论的价值判断。高校科研能力的定性评价主要针对与较强主观性方面有关的评价,例如通过同行评议法或者民意调查法,获取有关高校科研管理体制认同度的数据。在实际操作过程中,有时也会出现将质性评价的结果通过量化评价予以实现,以便全面综合各方面问题,构成对高校科研能力的综合性评价。[①]

定量评价是指对被评价者做出量化结论的价值判断,其主要运用统计等数学方法,对所搜集的数据和信息进行处理与分析,并用一定的数值来描

---

① 陈洋子:《大学科研评价体系的国际比较研究》,江西师范大学硕士学位论文,2017年。

述或判断被评价者的特征,例如常用的教育统计与测量法、模糊数学分析法等。定性评价法注重计算数值,操作过程相对比较规范和简洁,得出的结论也比较客观和准确。在早期评价大学科研能力时,评价机构大多仅采用同行评议法来反映大学的科研能力,这样得出的评价结果往往带有较强的主观性,缺乏公正性。其后,为了不断提高评价结果的准确性,一些评价机构开始引进文献计量法等定量评价方法,量化具体的评价指标,并赋予相应的指标权重,确保评价结果的有效性。

综合评价法是指运用多个评价指标对多个参评单位进行评价的方法。由于使用单一指标无法衡量科研和学术价值的多元性,国外较多采用综合评价法,如利用分类评价、同行评价、代表作制度来弥补由单一评价方法造成评价结果的不可靠性。基础研究、应用研究、技术创新的规律不同,研究方式和成果形式各异。一般情况下,基础研究周期较长,以"慢研究""深研究"和"冷研究"为主,产出相对不确定。应用研究旨在实现某一特定领域的技术突破,或解决生产和管理实践中的实际问题,有明确的结果导向,需要与时间赛跑。技术创新则更不一样,需要一只眼睛看供给侧,一只眼睛看需求侧,其绩效与市场的相关度更高。因此,高校科研评价工作必须尊重不同科研领域的规律和特点,拓宽观察维度,除高水平论文外,还要关注发明专利、工程方案、行业标准、规范、专著、教材、工具书、提案、专报、政策文本、媒体文章、创意设计等多种成果形式。此外,评价方法的选择也应根据评价信息参考者的需求而变化。

（四）评价指标

无论是科研还是教学，都有各自的评价指标体系。在学术研究界，指标之描述、生产与使用仍旧争议不断，评价指标是应该不断完善还是应该取消，仁者见仁智者见智。从好的方面说，定量指标的更广泛使用和关于科研社会影响的一些新型计量指标的涌现，有助于我们向更加开放、更加有利于问责问效、更加结果导向的科研体系转型。但是若过分关注一些狭隘的、设计不得当的指标（如期刊影响因子），则会产生负面影响。

2015 年 7 月，英国某专家小组①发表了"指标大潮：指标在科研评价与管理中的作用之独立审议报告"。报告的主要内容包括：

（1）存在着推动指标使用的强大潮流。推动因素包括：人们强烈要求对高等教育和科研方面的公共经费支出进行审计与评价；政策制定者要求获得关于科研质量与影响的更具战略性的情报；学术机构需要制定和管理自己的科研战略；大学之间争夺名望、生源、师资力量和资源的竞争加剧；关于科研状况的实时大数据越来越多，分析相关大数据的工具日益强大。

（2）同行评议尽管有缺陷和局限，但仍在各学科领域获得广泛支持。指标的作用应该是支撑而不是替代专家判断。同行评议并不完善，但这是我们拥有的学术治理手段中毛病最少的，仍应是对论文、项目申请书、科研人员个人开展评价的基础，也应是诸如科研卓越框架（REF）这样的国家级评

---

① 专家组组长为苏塞克斯大学科技政策研究所的 James Wilsdon 教授，成员包括科学计量学、科研资助、科研政策、学术出版、大学管理等领域的专家。

鉴的基础。但是审慎地选择和使用一些定量指标,可以成为其他形式评价和决策的有益补充。成熟的科研体系需要专家评价、定量指标和定性指标的有机结合。开展科研评价时,应关注学科背景的差异和学科多样性。学术质量是与背景高度相关的,所以最好是考察反映科研水平的多种质量,而不是追求对科研质量的单一描述或单一测度指标。

(3)不适当的指标产生不良的激励。有理由担心,某些定量指标会被操纵,会导致人们不希望见到的结果;期刊影响因子和被引用次数是两个突出的例子。要识别、承认这些不良后果并加以匡正。与此相联系,指标的构造与使用需要更加透明,特别是将指标应用于大学排行和排名表(league tables)的时候。从事科研评价和科研管理的人员要负责任地行事,要尽可能考虑到潜在的负面后果并加以预防,尤其要注意不能造成危及平等和多样性的后果。

(4)只有在开放和可操作的数据基础平台上,指标方能实现其潜力。数据是如何搜集的,如何加工的,这些数据在多大程度上可经受得住质询,这些都至关重要。若没有合适的标识符、标准和语义,就不易被理解。①

综上所述,国内外评价机构在设计高校科研评价指标时,要依据系统性、开放性、创新性、协作性、科学性和可比性等原则,为基础研究项目、应用研究项目、开发研究项目各建立一个技术就绪水平标尺,建立事前、事中、事后三个评价界面,建立科研项目投入产出效率评价公式和取值范围,等等。

①　科学网:《英国最新报告:指标在科研评价与管理中的作用》,news. sciencenet. cn/news/ sub26. aspx? in = 2281. 2020 - 01 - 18。

此外,指标的选取还需要根据大学的层次、定位、发展战略及中长期规划,基于不同类型的学校、同一类型不同学科的学校或者不同的评价内容等,合理公正地筛选指标,使得科研指标的选取符合大学科研发展的客观规律,发挥出科研指标在大学科研评价活动中应有的效应,避免使用"一刀切"的方法造成评价结果的片面化。

(五)评价结果

科研投资是一种风险投资,除存在立项项目达不到验收要求的风险之外,还存在验收项目达不到预期效益的风险,若不能有效控制风险,投入越大,浪费就会越大。对科研结果进行科学准确评价是降低科研投资风险的重要保障,是评判科研投资效益、改善科研管理、谋划后续发展的重要基础。

高校科研评价的结果取决于其信息参考者的需求。具体而言,主要包括以下几种情况:其一是某大学将当前自身科研发展状况与其科研目标、学校发展战略进行对比分析的评价;其二是对一些大学的科研或科技创新能力进行综合性排名的评价,得出相应的大学排名;其三是聚类分析评价一些大学,并将其科研能力做等级划分,如优秀、良好、中等和差评等。

在高校科研评价工作中,能否确保评价结果的信度和效度是公众关注的焦点问题。所谓信度(reliability),即测验结果的可靠性、一致性和稳定性,主要是指对同一对象采取相同方法进行反复测量时,其结果也保持高度的一致性,它反映了被测量数据的可靠程度。而效度(validity)则是指测验结果的有效性、有用性和准确性,主要是指利用测量工具或手段能够准确测量出被测对象的程度,它反映了测量结果是否吻合要考察内容的程度。信度与效度两者相互联系、相互制约。

(六)评价信息的参考者

科研评价信息的参考者,主要是指基于客观或主观等需求,对所需科研信息和数据进行全面收集、处理与分析评价的个人或集体,主要包括国家政府部门、大学本身、管辖范围内大学的上级部门、社会大众、公司和企业五大主体。具体而言:

(1)国家政府部门(如国外的联邦政府、国内的教育科研管理部门)根据评价内容可以基本把握各类高校科研能力的发展情况,从而更好地监督、指导和协调各类高校的科研特色与能力,促进国家整体科研水平的提升,增强其科技核心竞争力。

(2)高校通过参考既有科研评价信息,能够精准把握自身科研能力、优势与劣势,并及时地对当前科研发展状况进行反馈和调整,制定出合理有效、切实可行的增强自身科研能力的战略规划。

(3)管辖范围内高校的上级部门通过考核并评定其管理范围内各类高校管理者们的绩效,及时有效地监督和督促大学为不断提高自身的科研能力做出进一步的努力。

(4)社会大众通过参考有关各类高校科研能力的相关信息,如高校科研能力的排名等,帮助其了解各类高校科研能力的当前水平,从而有助于他们清晰地辨别出不同高校的科研实力,并在未来教育机构的选择上做出合理的决策。

(5)公司和企业通过参考高校科研能力的评价信息,及时掌握各类高校的科研能力,为其科研合作伙伴的选择和人才的引进提供正确的决策依据。

综上所述,在高校科研评价过程中,应努力实现评价标准、评价主体、评价结果等各项评价要素的包容性和开放性。具体如在评价标准上,应参考国际评价标准结合自身实情来制定评价规范;在评价主体上,可邀请国内外各学科领域的权威专家共同构成多元评价主体,避免其单一性;在评价结果上,应及时公开透明地面向公众发布评价结果并针对存在的问题作出改善与调整。同时,还应推进高校科研评价结果的多主体广泛应用。

第二节　高校科研评价的发展历程与基本特征

国外的科研评价始于 20 世纪 50 年代,我国学者陈浩将其发展历程大致划分为以下三个阶段:第一阶段是决策－时间阶段(1980 年以前),第二阶段是决策过程阶段(1980—1990 年),第三阶段是综合评价阶段(1991 年至今)。[①] 自 20 世纪 90 年代中后期以来,一系列科研管理和与科研评价相关的学术论文频繁刊载在国际著名专业学术期刊或综合性学术期刊上。[②] 在科研管理实践层面,美国、日本和我国也先后做出了科研评价的有益探索。

---

① 陈浩:《基于理想窗宽的 DEA 视窗分析模型的我国高校科研评价》,哈尔滨工业大学博士学位论文,2012 年。

② 如 *Research Technology Management*, *IEEE Transactions on Engineering Management*, *Research Policy* 和 *R&D Management* 等专业性学术期刊;*America Economics Review*, *Management Science*, *International Journal of Project Management* 等综合性学术期刊。

一、美国高校科研评价的发展历程与基本特征

以科研为引领的美国高校,创造了 20 世纪以来美国高等教育的辉煌,美国高校尤其是研究型大学由此也成为世界的标杆,为其他国家所仿效,在其中,科研管理与评价制度在促进高校科研中发挥了重要作用。美国是最早开展科研评价的国家。库巴和林肯把美国科研评价发展过程划为四个阶段,分别是:19 世纪末到 20 世纪 30 年代的第一代评价时期——"测量时代"(Measurement Generation);20 世纪 30 年代到 50 年代后期的第二代评价时期——"描述时代"(Description Generation);20 世纪 50 年代后期至 70 年代末的第三代评价时期——"判断时代"(Judgement Generation);20 世纪 80—90 年代至今兴起的第四代评价时期——"建构时代"(Construction Generation)。[①]

1914 年,美国国会成立了国会研究服务部(Congressional Research Service,简称 CRS),对委员会及议员提出的有关科技方面的问题进行研究、分析和评价,学术界认为这是美国科研评价的雏形。[②] 二战期间"曼哈顿工程"的实施,开启了联邦政府大规模投入科研的先河,由此也显著改变了美国科研管理与评价。战后,在二战期间担任科学研发办公室(Office of Scientific Research and Development,OSRD)主任的万尼瓦尔·布什(Vannevar Bush)向罗

---

① Baker A S.,Fourth generation evaluation:By Egon G. Guba and Yvonna S.,Newbury Park,Sage Publications,1989,p.294 *Journal of Professional Nursing*,1992,8(01)。
② 国家科技评估中心:《国际评估概述》,http://www.ncste.org,2020 – 01 – 19。

斯福总统提交的《科学:无止境的疆界》报告,着重强调了科技进步对于美国社会发展的不可或缺,应当重视基础科学研究,基础研究是一切科学知识的来源,并主张建立新的联邦科研资助机构,即后来成立的国家科学基金会(National Science Foundation,NSF)。NSF 的成立,意味着联邦政府有计划地向科学研究拨款,也由此为科研评价开启了新的历史时期。自此后,美国政府对科学研究的投入不断加大,公众对投资的期望值也日益增高,因而必然要求政府对科研投入的经费进行严格管理,并以强有力的手段对科学研究的过程与结果进行绩效评估,以提高研究的质量、效益与效率。经过多年的发展,科研评价工作在美国已成为制度化的经常性工作。20 世纪 60 年代起,美国各届政府均出台了相应的推动联邦机构绩效评估和管理的改革措施和方案,但每一届政府的执政目标以及具体的实施方式有所不同,使得联邦机构的绩效评估缺乏连续性、可比性和系统性。1975 年,美国颁发《项目评价标准》(The Program Evaluation Standards Statements),这是美国科研评价标准的发轫。[1]

美国科研评价机构大致可以分为三大层次:

(一)国家政府层面的国会、政府科研评价机构和州政府科研评价机构

例如主要由美国政府出资的美国国会技术评价办公室等,对项目进行事前、事中和事后评估,为国会的预算安排提供重要的参考。

---

① 陆翊翊、郭胜伟:《美国高校科研评价及其借鉴》,《管理观察》,2016 年第 21 期。

美国国会在 1993 年 1 月通过了《政府绩效与结果法案》(Government Performance and Results Act,简称 GPRA),相较于既往的评价措施或方案,该法案更具权威性和持久性,实现了从国家立法上对美国联邦机构绩效评价制度化零的突破。《政府绩效与结果法案》要求所有联邦机构必须制定覆盖未来 5 年的战略规划报告,并每 3 年修订一次,每年将战略规划分解为定量化实施目标提供年度绩效规划报告,并根据完成情况形成年度绩效评估报告。国会、美国总审计署(GAO)、预算与管理办公室(OMB)把对这 3 份报告的审议与预算的批准过程结合起来。由此,美国形成了一套由《政府绩效与结果法案》、国会、政府问责局和预算与管理办公室构成的系统完整的评价制度。该法案的通过,使得对联邦机构的评价从"投入 – 产出"模式转换为"目标 – 结果"模式,即根据各联邦机构所设定的任务目标和结果完成情况评价其绩效。由此也奠定了美国 20 世纪 90 年代至今联邦机构绩效评价的基本模式。[①]

为修正每个机构的评估目标和具体评估指标存在可比性不够强的问题,预算与管理办公室于 2001 年提出了《总统管理议程》(President's Management Agenda),包括 5 项政府动议和 9 项特定项目动议。该议程要求所有联邦机构对其人力资本、竞争资源、财政绩效、电子政府和绩效提升动议五个方面的成果和绩效进行评估,并以红、黄、绿颜色表征。而对于研究计划的评估不限于对其绩效的评价,同时还评价其规划、战略和管理等。2002年,布什政府在《政府绩效与结果法案》和《总统管理议程》的评价体系下,提

---

① 李晨光:《美国国立科研机构创新绩效评价的演进与启示》,《中国财政》,2018 年第 24 期。

出专门由预算与管理办公室主管的针对项目评估的"项目评级工具"（PART），其设计理念是：所有联邦预算的项目都是可测度的，而且也是可以改善的。它具有统一的评价框架和评价标准，使得项目评价更具实操性，项目之间的管理与绩效评价结果也更加具有可比性。

（二）社会学术团体

为了提高评价和监督的效率，减少徇私舞弊、暗箱操作的可能性，美国联邦政府依据相关法律履行评价职责，出资委托一大批高水平、相对稳定的社会咨询评价机构（Government contractor），包括企业和营利机构，承担具体的评价活动。美国科研评价的这种出资人和执行者相互分离独立的制度，在一定程度上保证了科研学术评价工作的客观性、公平性和合理性。如美国科学管理开放咨询公司、国家科学院理事会等独立机构。其中，美国国家科学院理事会是美国国家科学院（NAS）、美国国家工程院（NAE）、美国医学研究院（IOM）三院一会体系的常设机构，是美国科学技术评价体系极其重要的组成部分。另一个具有代表性的是成立于 1989 年的世界技术评估中心（World Technology Evaluation Center, WTEC）。该中心属于非营利性专门评价组织，主要从事技术领域的宏观评估，为美国政府科技政策制定过程中的参与人员、科技管理人员以及各类科技项目开发人员提供有关国际技术项目状况分析，也进行国内外科技项目的立项、比较与评价服务。此外，美国还有大批面向市场的、高资质科技评价公司。仅以美国评估协会网站上所列能够提供科技评估的公司就有近三百家。这些公司主要通过市场竞争来体现评估能力和水平并赢得信誉,从而能够在科技评价市场上站稳脚跟。[①]

早期美国科研评价完全依赖于同行评价,其科学性和公正性一度受到广泛质疑。20 世纪 90 年代,美国国家科学基金会(NSF)资助的《科学、技术和人类价值》季刊上发表了一组文章,对科学研究效率的问题进行探讨。2001—2003 年期间引入了数据评价,即通过调查和回归两种不同取径的方法来确定排名。2004 年 6 月,美国国家科学基金会编印了《关于科学创新能力质量的评价》,阐述了科研效率评价的社会背景、方向和检验方法等问题。2008—2009 年又对评估方法进行了改进,评估包含三个维度:科研活动、学生支持与成果、教育环境的多样性。其中科研活动包括学者在学术出版、文章引用、科研经费和获得奖项等方面的数据,出版和引用的文献计量指标主要参考 SCI 数据库。新的评估方法比单纯的专家评价更科学,但是评估者的选取、指标权重的选取等还有待商榷。

(三)高校自身

随着科研活动呈现学科多维渗透、知识体系内涵与外延的架构日趋集成化,高校评价体系的建立和完善首当其冲。1960 年,美国开始了对高等教育机构的全面评估,主要是私立的、非营利的专门评价机构对美国大学所进行的一种质量检查,旨在确保并提高其教学质量和办学水平。[②] 20 世纪 80年代末以来,美国高教界针对二战后美国高校存在将学术狭隘地等同于研

---

①　陈宁:《美国的科技评价与科研事后评价概况》,《全球科技经济瞭望》,2007 年第 12 期。

②　张旭红:《美国高校评审之评介》,《首都经济贸易大学学报》,2004 年第 3 期。

究,教学与研究互相争夺教师时间的倾向,就学术概念和学术评价进行了深刻的反思和热烈的讨论。特别是卡内基教学促进基金会前主席博耶相继于1991年和1994年发表了题为"学术反思:教授工作的重点领域"的研究报告和"学术评价"的演讲后,在美国高教界引起广泛共鸣。博耶认为,学术活动意味着参与研究,但作为学者的大学教师,他们的工作还意味着寻求学科之间的相互联系,在理论与实践之间建立桥梁,并把自己的知识有效地传授给学生。基于此,博耶提出了四种有区别又有联系的学术形式,即发现的学术、综合的学术、应用的学术和教学的学术。博耶还着手构建了新的学术评价体系,首次提出了学者的品质、学术工作的标准、学术证明、过程的可靠性等四条学术评价原则。[①]

美国高校都会定期或不定期评价科研活动。美国高校科研评价起初采用的是定性评价(qualitative evaluation),即同行评议法(peer review),并辅以案例分析、文献计量分析及指标分析等方式。同行评议法利用相关学科领域权威专家对涉及的该领域项目进行评价,它在项目申请、项目评价、项目验收、项目得奖与否及项目运作等诸多方面上,有着其他方式一时无法企及的优势。[②]至20世纪70年代末80年代初,人们发现同行评议也不是每次都行之有效的,有时会出现个人主观因素的影响。于是,定量评价应运而生。SCI(科学引文索引)、EI(工程索引)、ISTP(科技会议录索引)等开始投入使用,尤其是SCI的引入,让科研评价避免出现重大学术分歧和盲点。

---

① 邓毅:《国外高校学术评价及其启示》,《广东技术师范学院学报》,2006年第6期。

② Spier R.,The history of the peer – review process,*TRENDS in Biotechnology*,2002,20(08).

美国高校促进教师的研究、教学和服务水平的提高,主要通过评价来实现。学校有较为科学、规范、制度化的评估指标体系。科研评估内容包括论著、专利等,评估方式主要采取本人总结、学生问卷调查、同事和系主任评价等。评估与教师的奖惩、晋升、聘任和工资待遇等挂钩。①各高校都会按照自身特点进行科研评价。譬如,在加州大学伯克利分校,注重的是教师科研已达到何种程度而不是取得多少数量,科研评价的目的是为调整教师薪酬、晋升职位和终身聘任等提供依据。在理士满大学,过去教授获得终身聘任可以不要出版学术著作,而现在要想获得终身教授,则必须得到相应的研究经费,并发表过多篇学术论文。②

二、日本高校科研评价的发展历程与基本特征

在第二次世界大战后半个多世纪的历史进程中,与科技发展战略和经济发展战略相适应的日本高等教育体系成为经济社会发展的原动力,对于日本经济的繁荣具有不可估量的推动意义。但是"日本大学在成立之初,较科学而言,更是作为吸收欧美进步的技术并向民间进行技术转移的组织,然后逐渐进行高新科学技术研究"③。日本的科研体制是民间主导型,大部分的科研活动是在工业部门中进行,大学并不是进行科研活动的主体。

在"经济复兴"时期(1945—1955),技术引进是日本国家科技发展的主

---

①　李伟,Xiao－yu L:《美国高等学校科研软环境探析》,《沈阳建筑大学学报》,2006 年第 1 期。
②　王学松:《试析美国高校教师科研绩效评价机制》,《合作经济与科技》,2013 年第 23 期。
③　[日]馬場靖憲、後藤晃:《産学連携の実証研究》,東京大学出版会,2007 年,第 4 页。

要特征和潮流导向。在"经济高速增长时期"（1956—1970），日本的科学技术政策比较侧重于加强发展社会经济的科学技术的基础，尤其是对产业的技术基础采取了倾斜政策。① 二战后，日本政府发布的第一部《经济白皮书》（1956）表明了日本科学技术政策的价值取向："以振兴科技为杠杆，以发展经济为宗旨"，这使得日本战后科学研究的"应用性""开发性"远远超出了"基础性"。遭遇过 20 世纪 70 年代初的经济危机后，日本政府及社会各界开始反思国家科学技术发展路线，初步认识到科研定位过分"实用化"的"危险"。但后来的实践证明，日本科研包括大学科研虽然部分地逐渐转向"基础性研究"，但并没有从根本上改弦更张而游离于日本的经济政策，恰恰相反，这一动向更强烈地表征着日本科学技术政策完全维系与日本经济发展的需要。② 从其后的《科学技术白皮书》以及《经济白皮书》中对科研取向来看，日本科学技术政策所强调的要加强"基础性研究"并非是本来意义上的"基础研究"，而是"基础的研究"或"基础技术研究"。实际上它主要是指某些带有实际应用目的的基础性技术研究。③

如此一来，科学研究的天平向与产品生产密切相关的新技术的研发上倾斜，政府对发挥担负基础科研任务的大学的科研创新能力重视不够，对大学科研经费的投入严重不足。重技术、轻科学的战略选择使得周期长、见效慢、又难以在短期内产生经济效益的基础科学研究在日本备受冷落。④ 日本

---

① 张利华：《日本战后科技体制与科技政策研究》，中国科学技术出版社，1992 年，第 172 页。
② 同上，第 174 页。
③ 同上，第 174～178 页。
④ 吴忠魁：《论日本 21 世纪国家发展战略与教改对策》，《比较教育研究》，2001 年第 1 期。

社会经济发展的内在要求、政府和产业对大学科研经费的投入机制以及日本善于吸收和应用域外知识的文化传统等加速了日本大学科研定位形成"巴斯德象限"取向的特点。它为日本大学在"基础研究"与"应用研究"的两难处境中开辟了中间道路，成为促进日本大学创新能力提升的重要机制。①

1998 年，日本政府在经济产业省下成立了政策评价研究会，制定了《科学技术基本项目》大政方针，规定了今后若干年科技的研究方向及其预算目标。同时，在预算实施过程中，建立了一套完整的科研管理考评体制和预算监督机制。2001 年 1 月，日本政府实行内阁改革，设立了日本科技政策的最高决策机构"综合科学技术会议"，设立了 5 个"专门调查会"，其中就包括"评价专门调查会"，职责是制定评价准则，通过对重要的科研活动开展评价，以对科研资源实行有效配置。同年 11 月，日本内阁批准了修改后的《国家研究开发评价指南》，提出了建立开放型研究评价体制的基本框架，评价体制的"开放性"主要表现在评价标准的开放性、评价主体的开放性、评价结果的开放性、评价结果利用的开放性四个方面。新的评价指南还增加了评价改制后作为独立行政法人的研究机构的内容，指出此类机构的评价要根据《独立行政法人通则法》执行，有独立行政法人评价委员会对其进行绩效评价，评价结果要反映在相关部门的资金分配中，同时反映在机构的运营中。此后，日本政府各部门根据新评价指南开展评价活动，一些部门还制定了自己的评价指南，在日本的科研资源配置、科技政策制定、科研机构改革和人事制度改革等方面开展评价活动，根据评价结果进行改进和提升，取得

---

① 丁建洋：《日本大学创新能力的历史建构研究》，南京大学博士学位论文，2008 年。

了很大的进展和成果。

　　总体来说,日本的科研评价体系独树一帜而又颇具成效。日本的科技评价包括机构评价、课题评价以及人员评价,层次是以评价机构为主导的四级制。具体而言,第一级科研评价机构主要是由国家政府单位和大型专业评价机构组成,负责对国家重大科研项目进行评价和分析;第二级机构是专业评价机构和地方政府相关机构,主要针对高校的科研项目,也负责评价政府资助的次级科研项目;第三级机构是为日本所特有的企业评价机构,由相关企业创立和主导,主要负责为该企业提供相关服务和分析;第四级机构是日本各研究机构内的评价机构,针对的对象主要是其内部的科研项目。[①] 在不同层次的科研评价活动中,日本政府发挥着重要的作用,其立场以监督为主,主导地位交给各专业机构。

　　科研评价中的课题评价按照评价时期的不同又可分为事前评价、中期评价和事后评价。事前和中期评价是日本课题评价的重点。课题的事后评价和科技成果评审有些相似。日本的评价具有开放性和透明性。《国家研究开发评价指南》明确规定了评价者应该精通该领域,具有足够的评价能力,而且能够站在公正的立场上进行评价。对于社会关注的研究课题,评价人员可以吸收反映公共意见的人士。在一些评价中,还广泛吸收外国专家作为评价人员。日本把评价过程、评价的有关内容和结果公布于众,评价结果基本上采用在官网或以记者会形式对外发布。[②]

---

① 陈楠楠:《试论借鉴国外经验完善我国高校科研评价体系》,《高教探索》,2017 年第 1 期。
② 邓毅:《国外高校学术评价及其启示》,《广东技术师范学院学报》,2006 年第 6 期。

如图 1-1 所示,①日本大学科研评价体系历经两个阶段:第一阶段是自我评价为主(1991—2000);第二阶段是以自我评价为主,第三方评价为辅(2000—至今)。

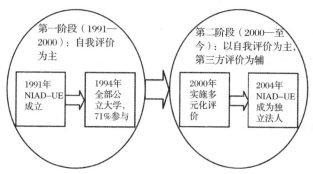

图 1-1　日本高校科研评价体系发展沿革

一直以来,自我评价在日本高校科研评价模式中占据主导地位。日本政府十分重视大学的科研自我评价方式,提倡"大学的自省"。自我评价的优势在于大学对自身情况较为了解,评价成本较低,科研评价指标变动较少。同时,由于基础研究经费在科研经费中所占比例较高(约55%),日本高校科研人员申请课题实行的是注册制,申请经费不必层层审批,科研经费有比较充分的保障,不用参加各种评审、评估。科研人员在研究过程中的自由度比较高,很少受考核、评价等干扰,也不会担心因为在一段时间内没有产出成果而受到冷落。这些制度安排和文化氛围,使得科研人员特别是青年学者有稳定的工作和安定的研究环境,不必疲于奔命地应付课题申报和短期课题结项,可以致力于研究那些不会马上产生经济效益,而是要在几十年

①　吴杨、乔楠、施永孝:《大学科研创新评价的国际经验与启示——基于英国、澳大利亚、日本、韩国科研评价体系特点的考察》,《科学管理研究》,2018年第2期。

后才可能大有用武之地的课题。①

进入 21 世纪后,随着科研评价方式由政府负责向政府主导第三方评价机构负责的转变,日本高校科研评价开始更为关注大学整体科研创新实力。由日本文部科学省主导第三方评价机构全权负责的科研评价指标范围广泛,能够对大学的科研创新进行更为全面的分析。日本各高校也积极开展第三方评价,以增加其客观性,以便更好地认识到自身科研的缺点和不足,从而改善研究环境、研究内容和方法。

三、我国高校科研评价的发展历程与基本特征

我国高校的科研评价起步较晚。我国高校的科研管理工作开始于 1952 年大规模调整高等院校后学校对科研工作的集中管理,"文革"时期被迫停止。1978 年 3 月 18 日,邓小平在全国科技大会开幕式上的讲话后全面恢复,并在改革开放后全面建设市场经济新时期得到进一步专门化发展。20 世纪 90 年代是我国科研评价体系形成与发展的重要历史时期。90 年代初,各级科技管理部门开始重视以科学论文为基础研究的评价因素,先后引入 SCI 和核心期刊作为评价科研机构及研究人员的重要指标。90 年代中期,随着"科教兴国"战略的确立,我国加大对基础研究的投资力度,并且运用同行评议手段为各种政府科技投资计划提供决策支持,基于同行评议的资源分配方式获得更加全面的运用。此外,基于"投入-产出"概念为框架设计的科

---

① 任羽中、吴旭、赵颖:《日本屡获诺贝尔奖的启示》,《学习时报》,2019 年 1 月 23 日。

研评价作为一种新的管理理念被引入科研管理,成为科研管理的重要手段与工具。1993 年,国家科学技术委员会(现"科技部")将技术评价手段引入科技宏观管理环节,作为国家重大科技计划管理改革的突破口,从 1994 年开始科技评价试运行。1997 年组建了国家科技评价中心,并在 12 个省市开展科技成果评价试点工作。科技评价被引入政府科技决策系统后,其作为"第三方立场",有效地促进了科技决策的科学化,对推动全国科技评价工作起到了积极作用。

完善高校科研评价机制,推动国家科技创新发展一直是我国政府和高校的重要课题与研究焦点。20 世纪 90 年代起,国内很多高校对科学研究及其成果的评价逐渐由同行专家主导的定性评价转变为行政管理部门主导下的定量评价。2002 年 6 月,科技部和教育部联合下发了《关于充分发挥高等学校科技创新作用的若干意见》,强调充分利用自身的技术优势和人才优势,建立和培育独立的、社会化的、中介性科学评价机构,积极开展科学评价工作。2003 年 5 月,科技部、教育部等五部委联合下发了《关于改进科学技术评价工作的决定》。2003 年 9 月,科技部发布了《科学技术评价办法(试行)》,科技评价的意义和作用得到社会广泛的重视。《国家中长期教育改革和发展规划纲要(2010—2020 年)》指出,要以创新和质量为导向完善科研评价机制,充分发挥高校在国家创新体系中的重要作用。2013 年,教育部出台《关于深化高等学校科技评价改革的意见》,在原有工作基础上进一步明确和深化了我国高校科研评价体系改革的原则和方向。2015 年,国务院印发的《统筹推进世界一流大学和一流学科建设总体方案》进一步将健全科学学术评价和学术标准体系,提升科学研究水平作为"双一流"高校重点建设内容之一。

高校科研项目资助绩效第三方评价制度的国际比较研究

2020 年,中共中央、国务院印发了《深化新时代教育评价改革总体方案》,分两个阶段提出深化新时代教育评价改革的目标。第一阶段:经过 5 至 10 年努力,各级党委和政府科学履行职责水平明显提高,各级各类学校立德树人落实机制更加完善,引导教师潜心育人的评价制度更加健全,促进学生全面发展的评价办法更加多元,社会选人用人方式更加科学。第二阶段:到 2035 年,基本形成富有时代特征、彰显中国特色、体现世界水平的教育评价体系。

随着《关于深化高等学校科研评价改革的指导意见》《深化新时代教育评价改革总体方案》等一系列文件的陆续出台,我国高校科研评价改革的方向、思路和原则也逐渐清晰。在国家政策的推动下,近年来学术界对高校科研评价的相关研究持续推进,呈现了"井喷"之势,相关著作或学术论文在数量上保持明显上升的趋势。① 从已发表的文献来看,反思性、评述性的文章

① 例如,(1)项贤明:《论学术管理理念与高校内部管理体制改革》,《北京师范大学学报》(社会科学版),2004 年第 6 期;(2)刘莉、董彦邦、朱莉等:《科研评价:中国一流大学重大原创性成果产出少的瓶颈因素——基于国内外精英科学家的调查结果》,《高等教育研究》,2018 年第 8 期;(3)张富利、蔡跃龙:《科研分类管理评价问题研究》,《教育时空》,2019 年第 12 期;(4)徐红、刘在洲、陈承:《高校科研质量评价标准研究》,《高校教育管理》,2016 年第 5 期;(5)陈亚平:《英国高校科研评价体系及其启示》,《广西质量监督导报》,2019 年第 5 期;(6)刘志民、李馨儿:《澳大利亚高校科研评价改革动向与启示》,《高校教育管理》,2020 年第 5 期;(7)白强:《大学科研评价旨意:悖离与回归》,《大学教育科学》,2018 年第 6 期;(8)高江勇:《大学教育评价中的过度量化:表现、困境及治理》,《中国高教研究》,2019 年第 10 期;(9)朱军文、刘念才:《科研评价:目的与方法的适切性研究》,《北京大学教育评论》,2012 年第 3 期;(10)朱军文、刘念才:《高校科研评价定量方法与质量导向的偏离及治理》,《教育研究》,2014 年第 8 期;(11)周玉容、沈红:《大学教学同行评价:优势、困境与出路》,《复旦教育论坛》,2015 年第 3 期;(12)袁永和:《高校教师科研评价中的问题与对策》,《广东技术师范学院学报》(社会科学),2011 年第 6 期;(13)崔亚娟.:《高校科研管理的问题及策略研究》,《教育教学论坛》,2018 年第 50 期;(14)刘宇文、周文杰:《我国高校科研奖励制度的现状与发展探索》,《高等工程教育研究》,2015 年第 4 期;(15)代涛、李晓轩:《我国科技评价的问题分析与改革思路》,《中国科学院院刊》,2013 年第 6 期;(16)杨德春:《关于科学计量学的性质及在教育评估中的地位》,《高教研究与实践》,2016 年第 3 期;(17)李立国、赵阔:《超越"五唯"的学术评价制度:从后果逻辑到正当性逻辑》,《大学教育科学》,2020 年第 6 期,等等。

比较多,针对科研评价实践中的问题进行系统分析并提出切实可行改进策略的文章比较少,且对科研分类评价、科研评价主体、科研评价内容、科研评价方法和科研评价管理制度等方面存在的问题缺乏深入的研究。

我国高校科研评价体系大致经过了行政评价、同行评价、指标量化评价和国际科研计量评价四个阶段。这四个评价方法在当时对高校的科研工作起到了积极的作用。目前,国内尚无国家级主导下的科研评价体系与规范,科研评价基本上仅局限于高校和科研机构内部行政管理部门各自制定的评价制度。[①]

我国高校普遍借鉴国外科研评价经验,采用以科研业绩和科研工作量为核心的高校科研评价体系。该体系评价结果不但是衡量高校科研水平、教师科研能力的重要指标,也是教师职称评审、岗位评聘和福利津贴的主要标准。虽然这一评价体系在一定程度上激发了教师从事科研工作的热情,推动了高校科研的发展。但是对标我国高校科研评价实际,高校科研评价实践在促进高校取得成绩的同时,也暴露出诸多弊端。不仅未完全达到高校科研评价应有的考核、激励和约束目标,而且引发了诸如学术行为不端等众多伦理道德问题。[②] 例如,依然存在体系尚不完善、"重数量轻质量"、高水平科研成果产出率较低、一些量化评价方法的弊端日益显现等问题。因此,改革现行高校科研评价制度,以学术科研自身的价值为标准进行评价衡量,同时构建一个科学、合理、公正、客观的科研评价体系,并将之制度化和规范

---

① 林继志、张向前:《我国高校科研评价改进分析》,《科技和产业》,2010 年第 2 期。
② 汪静:《高校科研评价体系的现状及对策》,《中国高校科技》,2012 年第 10 期。

化已是迫在眉睫。

第三节　高校科研绩效第三方评价的理论基础

一般来说,科研绩效第三方评价的基本原理是提高研发绩效,确保有效利用投入的自然资源和货币资源。科研绩效第三方评价是把评价当作一种手段,既满足了各利益相关者的问责制诉求,又满足了该类研究的公共价值的需要。科研绩效第三方评价在各国发挥的作用不尽相同。在美国,评价以国家政府、资助机构或研究委员会一级的法律框架和条例为实施依据。在中国和日本,各部委或相关省厅发挥着积极的主导作用,评价则委托或授权给独立的专门机构开展实施。考虑到高校科研投入的重要性、财政投入绩效评价的必要性以及高校科研的价值取向及社会效益等方面的绩效表现,本书主要从投入产出理论、委托代理理论与 PDCA 循环理论来阐述高校科研项目绩效第三方评价的理论基础。

一、投入产出理论

目前,采用经济分析框架对高校科研项目绩效第三方评价开展分析研究的文献较多。研究者们试图通过预估科研成果带来的社会效益,并将这些效益的价值与产生效益变化的投资成本联系起来。社会收益率方法或成本效益方法侧重于具体的科学和技术产出,如研究和开发项目中产生的文章或专利的数量,技术转让方案创造的就业机会的数量,以及以技术为基础的经济发展方案对区域经济的贡献,等等。这种研究维度具有一定的优势,它们通常会产生数值评价,这在日益被"量化指标"所主导的公共政策领域是有用的。

投入产出理论最早是由美国经济学家里昂惕夫(W. Leontief)提出,又称为投入产出分析法,它是一种系统性的研究方法。就工业企业内部生产部门来说,投入产出分析法能全面衡量投入到产出的各种因素,通过一定的生产活动,从各个角度衡量产出的过程。有产出必定有一定的投入,投入与产出相互匹配,能够全面说明生产部门的效率情况。迄今为止,投入产出分析法被广泛应用到各类经济部门的评价活动中。[①]

高校具有"传授知识、培养人才,开展科学研究、实施科技创新,应用知识、服务社会"三大功能,具有显著的公益性和非营利性。但是对于高校来说,拥有一切资源的目的应该是不断地把拥有的资源转化为育人成果、教学成果、科技成果,进而不断提高办学水平,不断增强高水平科研产出的能力。一个良好的高校科研过程应该涵盖投入与产出:在学校科研管理体制下,以人力资源为主导,以科研基地为依托,以学科资源为基础,依靠学术声誉,积极地申请承担科研项目,在项目的进行过程中,完成科研成果的产出、创新人才的培养和科技成果的转化;而通过产出的成果、培养的人才及成果转化的收益,又可以进一步提高学术声誉,巩固科研基地,扩大人才队伍,提升学

---

① 苏捷:《高等教育财政投入绩效评估:模式创新与指标重构》,浙江财经大学硕士学位论文,2014年,第17页。

科优势,推动管理体制建设。① 因此,在对高校科研项目进行绩效第三方评价时,利用投入-产出理论这一经济学度量工具对政府财政投入与高校科研产出的分析,可以总结高校科研项目的运作效率,为绩效评价提供一种新思路。

二、委托代理理论

20 世纪 30 年代,美国经济学家伯利和米恩斯提出委托代理理论(Principal - agent Theory),倡导所有权和经营权分离,企业所有者保留剩余索取权,而将经营权让渡。"委托代理理论"早已成为现代公司治理的逻辑起点,这种产权分离的现象也普遍存在于市场经济中。高校科研绩效第三方评价是由政府及高校之外的第三方组织或机构参与对高校科研活动进行评价的方式。按照 David Platt 和 Richard Zeckhauser 的观点:"只要一个人依赖另一个人的行动,那么委托代理关系便产生了,采取行动的一方即代理人,受影响的一方即委托人。"②也就是说,高校科研绩效第三方评价活动中也存在着"委托代理关系",因此运用委托代理理论分析高校科研绩效第三方评价活动,解析其中可能存在的委托代理关系及其潜在风险,或许可以帮助我们理解高校科研绩效第三方评价机制,化解第三方评价中的利益冲突,为改善评价制度设计提供可行思路。

在高校科研绩效第三方评价活动中,涉及评价需求方(一般是高校管理

---

① 陆琦:《大学科研的投入与产出》,《科学时报》,2009 年 5 月 4 日。
② 张万朋:《高等教育经济学》,广西师范大学出版社,2004 年,第 120 页。

部门或评价学校）、评价对象、第三方评价机构和评价者四类主体,承担第三方评价工作的往往是独立于高校以及其主办者的第三方机构,各方之间相互依托又相互制约,以不同委托形式形成了委托代理关系。首先,评价需求方委托第三方评价机构组织评价过程,从而形成委托代理关系;其次,评价机构根据评价需求选择相应的成员或者外部专家组成评价小组,并委托其行使评价权利,从而形成另一层代理关系。因此,如图 1-2 所示,在此关系结构中,评价需求方与评价机构形成的是"一级"委托代理关系,第三方与评价者之间形成的是"次级"委托代理关系,而第三方机构连接起被评价学校与评价者,使得二者之间形成"间接"委托代理关系,这三类主体共同构成了"套层式"委托代理关系。①

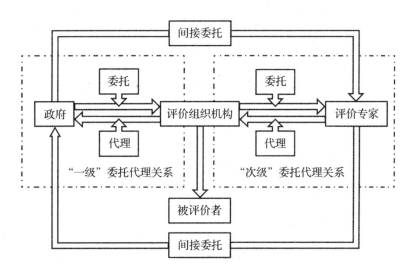

图 1-2　第三方评价的委托代理关系结构图

①　王启龙、汤霓:《委托代理理论视野下职业教育第三方评价:潜在风险、行为博弈与应对策略》,《职教通讯》,2020 年第 2 期。

三、PDCA 循环理论

PDCA 循环理论是管理学中适用性、普及性最高的一个通用模型,是全面质量管理的思想基础和方法依据。该理论最早由美国质量管理专家沃特·阿曼德·休哈特(Walter A. Shewhart)于 1930 年提出构想,1950 年被其弟子美国质量管理专家爱德华·戴明(Edwards Deming)形成系统理论,获得普及,故而又称"戴明环"。PDCA 循环理论包含四个步骤:P(Plan,计划)、D(Do,实施)、C(Check,检查)和 A(Act,处理或调整)。如图 1 - 3[①] 所示,

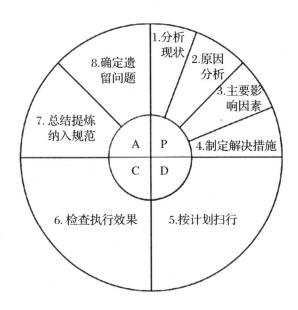

图 1 - 3 PDCA 循环管理的阶段和步骤

① 沙锐、吴根:《PDCA 循环管理在科技计划项目质量改进中的运用》,《科技管理研究》,2021 年第 6 期。

PDCA 循环理论在科研项目管理过程中的具体表现:①P:根据项目申请单位的要求和相关规章制度,明确项目目标,制定项目计划;②D:项目计划的实际运作过程,完成项目计划所列具体任务;③C:根据项目管理规定,总结分析项目实施阶段中的实际情况,辨别项目实施中的对错,发现问题所在,评价实施效果;④A:根据评价结果检视自身,肯定成功的实施经验,总结错误教训,以持续改进过程业绩。

PDCA 循环的应用一般是按照 P、D、C、A 循环的顺序进行工作,通过任务分解、责任落实,形成环环紧扣的动态循环管理机制。日本著名质量管理专家池泽辰夫认为 PDCA 循环也可以先从 C、A 阶段开始,即检查、处理前一循环目标的实施效果后,再进入新的 PDCA 循环制定计划方案。[①]

如图 1 - 4 所示,P、D、C、A 四个阶段并非运行一次就自动终止,而是波浪式前进,螺旋式上升的。一个 PDCA 循环结束,一些问题得到圆满解决;未解决的问题或新发现的问题将触发新一轮的 PDCA 循环;上一个循环是新循环的依据、起点和基础,新循环是上一个循环的拓展、延伸。[②] 如此,经历周而复始、循环反复的进程,质量将得到持续改进。

---

① MACLEOD A,BAXTER L, The contribution of business excellencemodels in restoring failed improvement initiatives, *EuropeanManagement Journal*,2001,19(4).

② 邹毅:《基于 PDCA 循环的高校科研管理廉政风险防控研究》,《东南学术》,2016 年第 2 期。

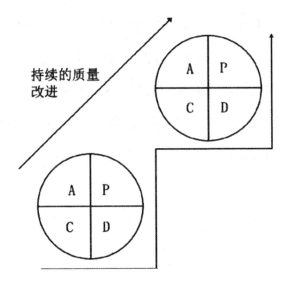

图 1 - 4　PDCA 循环阶梯式上升质量改进过程

　　传统的科研项目绩效评价主要是在项目验收时评价项目技术成果和经费使用是否符合预期。在研究领域,通常是从不同纬度选择多种评价因素设计评价指标体系,采用层次分析法等方法计算综合绩效。该评价方法的主要缺点是:评价只是一次性工作,缺少行之有效的过程管理;与企业的战略和计划落地脱节;科研项目投入产出效率不易衡量。运用 PDCA 循环对科研项目绩效进行全周期的闭环管理,则是对传统一次性评价方法的创新。通过将产出指标体系与科研项目绩效管理挂钩实现了"自上而下分解、自下而上支撑"的战略目标管理。为便于横向比较及绩效兑现,项目产出评价指标体系重点研究如何使用技术增加值等理论进行量化评价,实现对科研项目的量化管理。①

----

　　① 苏晓影、徐清、傅劲翔:《基于 PDCA 循环的科研项目绩效管理》,《项目管理技术》,2020 年第 4 期。

第二章　中国高校科研项目绩效第三方评价制度

高校是国家知识创新体系中主要的行为主体，承担着人才培养、科学研究和社会服务三项核心功能。在我国，高校特别是研究型大学已成为我国各类知识创新成果的重要贡献者和国家知识创新体系的主要组成部分。作为基础研究的主战场，我国高校在知识创新体系中的成果产出也逐年增加，科研项目规模日趋庞大。科研经费是高校科研项目顺利开展的重要物质基础，是高校科研项目取得良好绩效的重要保障。近年来，我国科技经费投入力度持续加大，国家财政科技支出稳步增加。据国家统计局、科学技术部和财政部联合发布的《2019年全国科技经费投入统计公报》显示，2019年，我国高等学校研究与试验发展（R&D）经费支出1796.6亿元，比上年增长

23.2%, 占经费总额的8.1%。[①] 如何科学、有效地管理科研经费? 如何构建促进科技产出的科技投入长效机制? 亟须从科研项目评价导向、评价方式、评价主体、评价机制等方面把握好新时代新要求。

第一节　我国高校科研项目分类与评价

高校科研项目绩效是高校科研项目所产生的效益、效率和效果,表示投入与产出的关系。科研项目绩效评价是政府进行科学管理的重要手段之一,也是高校科研管理的核心内容。正确认识加强高校科研项目管理的重要性,构建完整系统的科研项目绩效评价体系,对促进科技资源合理优化分配,提高我国科技水平,早日实现创新驱动发展战略具有重大意义。

一、我国高校科研项目分类及其管理

我国高校科研项目以项目制和委托代理方式为主,其主要来源包括如下内容:

(1)国家和社会的需要,又称纵向课题。主要指各级政府指定的科研行政单位代表政府立项的课题,是经由上级科研主管部门或机构立项审批下

---

① 国家统计局等:《2019年全国科技经费投入统计公报》[2020 – 08 – 27][2020 – 10 – 08] www.stats.gov.cn/tjsj/zxfb/202008/t20200827_1786198.html。

达的各类计划、规划和基金项目等,此类项目包括国家级课题、省部级课题、委局级和校级课题。

(2)企业需要,又称横向课题。主要是指各级政府职能部门、企业事业单位和社会团体等委托研究的课题(认定为国家级课题、省部级课题、校级课题的除外),包含科学研究类、设计策划类、技术攻关类和软件开发类等。此类课题的委托方和受委托方是平等协商的合同关系。大力发展横向课题,可以使高等学校、行业协会与企业间保持紧密联系,为地方经济建设服务,也是提高学校科研水平和知名度的重要途径。

(3)高校自身教育改革需要,即自立课题。高校自立课题管理一般参照纵向课题管理办法执行。

(4)经济利益的需要,即高校将开发出来的科研成果实现市场化和产业化,打通从科技成果向商业运营转化的通道。

(一)科研项目(课题)分类

如表2-1所示,北京市属高校科研项目(课题)可以分为以下四大类:

1.国家级课题

国家级课题指科学技术部、国家发展和改革委员会、财政部、国家自然科学基金委员会、全国哲学社会科学规划小组下达的项目。其中涉及高等院校可以申报的课题包括:

(1)国家社会科学基金教育学项目,项目分为重大课题、重点课题、一般课题和青年基金课题,此类项目由全国教育科学规划领导小组办公室负责项目的立项审批验收工作。

（2）国家社科基金项目，项目分为重大项目、重点项目、一般项目和青年项目，此类项目由全国哲学社会科学规划办公室负责项目的立项审批验收工作。

（3）国家自然科学基金项目，项目分为面上项目、重点项目、重大项目、人才项目、联合资助基金项目、专项项目和国际（地区）合作与交流项目，此类项目由国家自然科学基金委员会负责项目的立项审批验收工作。

2. 省部级课题

省部级课题一般是指省科技厅、省发展和改革委员会、财政厅、自然科学基金委员会下达的项目，以及除了科学技术部、国家发展和改革委员会、财政部以外的国家其他部委下达的部级项目。其中涉及高等院校可以申报的课题，以北京市为例，包括如下项目：

（1）全国教育科学规划项目，项目分为教育部课题包括重点课题、青年专项课题和规划课题；国防军事教育学科和其他部委重点课题，此类项目由全国教育科学规划领导小组办公室负责项目的立项审批验收工作。

（2）教育部人文社会科学研究项目，项目分为重大课题攻关项目、基地重大项目和一般项目，一般项目又分为规划项目和专项项目，此类项目由教育部社会科学司负责项目的立项审批验收工作。

（3）教育部科学技术研究项目，项目分为重点项目和重大项目，此类项目由教育部科学技术司负责项目的立项审批验收工作。

（4）北京市哲学社会科学规划项目，项目分为重大项目，特别委托项目，重点项目，一般项目和青年项目，此类项目由北京市哲学社会科学规划办公室负责项目的立项审批验收工作。

（5）北京市科技计划体系项目，项目分为重点项目、面上项目和预探索项目，此类项目由北京市自然科学基金委员会办公室负责项目的立项审批验收工作。

3. 委局级课题

委局级课题一般指市级项目以及省厅级、局级项目，其中涉及高等院校可以申报的课题，以北京市为例，包括北京市教育科学规划课题，项目分为重大项目、重点项目、专项项目（包括校本研究专项和青年专项课题）和一般项目，此类项目由北京市教育科学规划领导小组办公室负责项目的立项审批验收工作。

4. 校级科研课题

校级科研课题主要指各高校内部申请项目，以北京市某市属高校为例，校级项目分为新起点计划项目、人才强校项目、科技成果转化项目、实验平台开放课题、党建项目、教育规划类项目和委托课题，校级项目由该高校科技处和人事处负责项目的立项审批与验收工作。

表2-1 北京市高校科研课题级别分类

项目级别	项目名称	项目分类		立项评审单位	隶属级别
国家级	全国教育科学规划项目	国家社会科学基金教育学	重大课题	全国教育科学规划领导小组办公室	中国教育科学研究院(法人)
			重点课题		
			一般课题		
			青年基金课题		
	国家社科基金项目	重点项目		全国哲学社会科学规划办公室	中国共产党中央宣传部(法人)
		一般项目			
		青年项目			
	国家自然科学基金项目	面上项目		国家自然科学基金委员会	法人
		重点项目			
		重大项目			
		人才项目			
		联合资助基金项目			
		专项项目			
		国际(地区)合作与交流项目			

项目级别	项目名称	项目分类		立项评审单位	隶属级别
省 部 级	全国教育科学规划项目	教育部	重点课题	全国教育科学规划领导小组办公室	中国教育科学研究院（法人）
			青年专项课题		
			规划课题		
		国防军事教育学科			
		其他部位重点课题			
	教育部人文社会科学研究项目	重大课题攻关项目		教育部社科司	非法人
		基地重大项目			
		一般项目	规划项目	重大课题攻关项目	
				基地重大项目	
			专项任务项目		
	教育部科学技术研究项目	重点项目		教育部科学技术司	非法人
		重大项目			
	北京市哲学社会科学规划项目	重大项目		北京市哲学社会科学规划办公室	中国共产党北京市委宣传部（法人）
		特别委托项目			
		重点项目			
		一般项目			
		青年项目			
	北京市科技计划体系项目	重点项目		北京市自然科学基金委员会办公室	北京市科学技术委员会（法人）
		面上项目			
		预探索项目			

高校科研项目资助绩效第三方评价制度的国际比较研究

续表

项目级别	项目名称	项目分类	立项评审单位	隶属级别
委局级	北京市教育科学规划课题	重大项目	北京市教育科学规划领导小组办公室	北京市教委（法人）
		重点项目		
		专项项目（包括校本研究专项和青年专项课题）		
		一般项目		
校级	北京某市属高校科研课题	新起点计划项目	大学科研处	非法人
		科技成果转化项目		
		市级平台开放课题		
		党建项目		
		教育规划类		
		委托课题		

（二）评审单位性质

1. 具有法人资格的评审单位

（1）全国教育科学规划领导小组办公室。全国教育科学规划领导小组办公室简称教育规划办，是教育部全国教育科学规划领导小组的常设办事机构，正式成立于1983年。教育规划办是全国哲学社会科学规划单列学科管理部门，业务上接受全国哲学社会科学规划办公室的指导。教育规划办设立在中国教育科学研究所，中国教育科学研究所是教育部直属的事业单位，所长兼任教育规划办公室主任，统筹全面负责教育规划办公室的工作。全国教育科学规划领导小组办公室是具有独立法人资格的办事机构。

（2）全国哲学社会科学规划办公室。全国哲学社会科学规划办公室是中央决定在全国哲学社会科学规划领导小组下设立的常设办事机构，成立于1991年6月。该机构主要负责制订全国哲学社会科学发展规划和年度计划方案，负责具体管理和筹措社会科学基金，并负责检查中长期规划和年度计划实施情况，负责交流社会科学研究信息，组织对重大课题研究成果的鉴定、验收和推广工作。全国哲学社会科学规划办公室是接受中央宣传部的指导，是具有独立法人资格的办事机构。

（3）国家自然科学基金委员会。国家自然科学基金委员会负责主管国家自然科学基金，成立于1986年2月14日。委员会按照国家发展科学技术的方针、政策和规划，有效使用国家自然科学基金来支持基础研究，鼓励自由探索，发挥导向作用，不断提高科学技术人才的创新水平，推动科学技术水平进一步提升。国家自然科学基金委员会是国务院直属事业单位，是具有独立法人资格的办事机构。

（4）北京市哲学社会科学规划办公室。北京市哲学社会科学规划办公室成立于1983年，主要负责统筹规划、组织协调北京市社会科学基金项目研究工作。主要工作有：编制北京市社会科学基金项目研究发展规划；负责对市社科基金项目、市属单位承担的国家社科基金项目及有关合作项目进行自申报立项到成果鉴定验收、宣传推介全过程的组织管理工作，并对多学科、多单位联合攻关的科研项目进行组织协调。北京市哲学社会科学规划办公室是接受中国共产党北京市委宣传部的指导，是具有独立法人资格的办事机构。

（5）北京市自然科学基金委员会办公室。北京市自然科学基金委员会办公室主要负责北京市自然科学基金资助工作的具体实施和管理。该机构的主要职责有组织相关单位进行基础性研究,提高研究人员的创新能力,加强人才培养。并按照《北京市自然科学基金委员会章程》管理和使用好科学基金,资助基础性研究项目、科技出版物、对华科技交流、学术会议和实验室建设等。北京市自然科学基金委员会办公室是北京市科学技术委员会直属的事业单位,是具有独立法人资格的办事机构。

(6)北京市教育科学规划领导小组办公室。北京市教育科学规划领导小组办公室是北京市教育科学规划领导小组的办事机构,它的主要职责是组织规划实施,管理立项课题,组织学术交流,组织科研培训,组织成果评奖,推广科研成果等。北京市教育科学规划领导小组办公室是北京市教委直属的事业单位,是具有独立法人资格的办事机构。

2. 不具有法人资格的评审单位

(1)教育部社会科学司。教育部社会科学司主要负责统筹规划和协调高等学校思想政治理论课教育教学工作;规划、组织高等学校哲学社会科学研究工作,组织、协调高等学校承担国家重大哲学社会科学研究项目并指导实施;协调直属高等学校和直属单位出版物的监督管理工作,承担教育系统新闻电视的指导和协调工作。教育部社会科学司隶属于中华人民共和国教育部,是教育部其下辖的一个正厅级司局单位,是不具有独立法人资格的办事机构。

(2)教育部科学技术司。教育部科学技术司主要负责规划、指导高等学校科学技术工作;协调、指导高等学校参与国家创新体系建设,以及高等学校承担国家科技重大专项等各类科技计划的实施工作;指导高等学校科技创新平台的发展建设;指导教育信息化和产学研结合等工作。教育部科学技术司隶属于中华人民共和国教育部,是教育部其下辖的一个正厅级司局单位,是不具有独立法人资格的办事机构。

(3)北京市某高校科技处。北京市某高校科技处主要负责对学校科技发展规划的制定,负责各类纵向科技项目的申报、立项、经费拨发、年度检查及结题验收;负责横向课题的立项(备案);负责组织与科技有关的各类奖励的申报和评审;负责科研成果对外宣传和知识产权保护工作等。该机构是高校下辖的一个正处级单位,是不具有独立法人资格的办事机构。

(三)项目经费的拨付与管理

目前我国高校科研项目管理工作包括三个环节:即课题前期立项申报管理、中期在研管理和后期成果管理。各个环节都要涉及科研经费管理的制约和约束。因此,科研经费管理是高校科研管理工作的重要职能和中心环节,是高校财务管理的重要组成部分,它始终贯穿于科研项目管理的前期、中期和后期,并直接影响着整个科研工作的进程和成效。但就我国实际而言,不同资金来源的科研项目有着不同的管理体制和运行机制,差异较大,导致了科研经费管理的复杂性。

按高校科研经费资金来源划分,目前我国高校的科研经费来源主要为两类:纵向经费和横向经费。前者是指财政性拨款,主要是国家预算资金,不具有创收性,但对高校自身的发展及知识、人才的储备和科研可持续发展有重要作用;而后者是指高校通过横向联合与企事业单位合作,筹集资金所做的科研项目、科技成果转让、技术协作、技术支持等,属于高校科技创收、社会投入性质,同时也是高校收入的主要来源。对于纵向科研项目,大部分高校实行的是项目组长负责制,即由项目组自行计划开支,财务部门和科研管理部门履行监督、管理职能;对于横向科研项目,大部分高校仅收取一定比例的管理费,而对科研经费管理的整个过程则较少涉及,只作总体上的把握和控制。[1]

　　以全国教育科学规划课题为代表的纵向课题管理为例,根据《全国教育科学规划课题经费管理办法》相关规定,课题经费根据课题类别和完成期限,分期拨付。国家社科基金教育学重大课题、年度课题中的重点课题一般拨款三次,立项当年以回执为凭,拨付资助经费的 30% ,次年以检查合格的书面报告和《全国教育科学规划课题开题和中期检查表》为凭,拨付 50% ,其余 20% 在课题验收结项后拨付;年度课题中的一般课题 和青年课题、教育部课题一般拨款两次,立项当年以回执为凭,拨付资助经费的 80% ,其余 20% 在课题验收结项后拨付。未通过验收结项的课题,不予拨付剩余经费。课题一经批准,不得无故中止。对无故不完成研究任务者,全国教科规划办停止拨款,并追回已拨经费;对因故中止研究者(指课题负责人因出国、生病、死亡或其他原因不能继续研究的),全国教科规划办停止拨款,并追回已拨经费的剩余部分;对因严重违反财务制度或其他原因而被撤销课题的,追回已拨经费。

---

① 郑睦霞:《我国高校科研经费管理存在的问题及对策研究》,《云南科技管理》,2009 年第 1 期。

二、我国高校科研项目评价

根据我国科技部 2003 年颁布的《科学技术评价方法（试行）》中对科学技术评价的定义,科学技术评价是指"受托方根据委托方明确的目的,按照规定的原则、程序和标准,运用科学、可行的方法对科学技术活动以及与科学技术活动相关的事项所进行的论证、评审、评议、评估、验收等活动"①。该定义适用于对中央或地方财政资金资助的科学技术计划、项目、机构、人员、成果的科学技术评价,具有一定的权威性。基于此,广义的高校科研项目评价应该是一种宏观层面的评价过程,包括立项、实施、验收和成果转化评价的系统评价过程,是较为全面的定性评价,评价度量较为广泛。狭义的高校科研项目评价则侧重于实施过程的评价,考察科研项目是否按计划实施,针对偏差或不足来进行合理的项目计划纠错与动态调整。由于科学研究具有特定的高投入和高风险性,控制科研项目的过程风险,加强科研项目的过程管理显得尤为重要。② 但由于高校科研项目有其不确定性,目前为止,我国尚没有建立统一的、具有规范意义的高校科研项目过程管理科学评价体系。③

每一个科研项目都有着明确的起点和终结。从开始到结束项目的全过

---

① 中华人民共和国科学技术部:《科学技术评价办法(试行)》,《科技日报》,2003 年 11 月 6 日。
② 肖人毅:《面向过程的科研项目评价方法研究》,大连理工大学博士学位论文,2011 年。
③ 吴定会:《我国高校科研项目管理动态跟踪评价体系的构建与案例验证》,《中南大学学报》(社会科学版),2015 年第 8 期。

程可以看作一个完整的项目生命周期。项目生命周期的划分并不是从一而终、一成不变的。一般而言,可根据实际情况进行相应调整。基于美国项目管理协会(Project Management Institute,PMI)给出的界定,项目生命周期具体包括项目的时限(项目的开始和结束以及生命周期中各个阶段的开始和结束)、项目的阶段(需求识别阶段、制定方案阶段、实施阶段、结束阶段)、项目的任务(生命周期中不同阶段的主要任务以及任务中的主要活动与内容等)、项目的成果(阶段性成果和最终成果)。[①]

在我国科研管理体制中,科研项目管理广泛采取"任务书制"管理模式。以纵向科研项目的项目管理流程为例,大致可以分为项目申请与立项、实施与过程监督、项目预算调整和项目结题与验收四个阶段。

(一)项目申请与立项

如图 2 - 1 所示,纵向科研项目一般是由高校科研项目主管部门下达项目申请通知,确定项目管理基本办法、选题基本方向、申请书填写基本要求,高校科研部门负责项目申请的组织、审核与上报,高校基层单位如院系动员相关人员组建队伍进行项目论证、撰写项目申请书并进行项目立项的初审。经过初审,高校基层单位将申请书上交科研管理部门复审,经复审后科研管理部门将申请书上交主管部门,主管部门同意立项后下达经费,再由科研管理部门办理项目立项和经费入账手续,移交给项目负责人。[②]

---

① 李艳玲:《高校科研项目评价问题研究》,北京邮电大学硕士学位论文,2015 年。
② 张凯泽:《我国高校纵向科研项目管理制度现状、问题与对策》,《河南财政税务高等专科学校学报》,2016 年第 2 期。

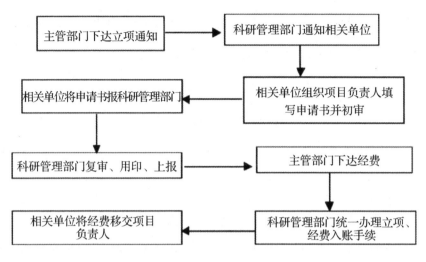

图 2-1　项目立项流程图

在项目申请与立项阶段的评价活动主要是从全局角度对项目概况进行评价。立项评价需要根据明确的目的,依据设定的评价准则,充分评估影响项目有效实施的因素,遵照标准的流程与程序,全方位考虑项目的需求性、合理性、创新性、实施可行性及预期的效益性等,对科技项目实施标准化与专业化评估行为。以全国教育科学规划课题书面评审意见表为例,其评价指标侧重选题、论证和研究基础三大方面,权重设置依次是 3、5、2。其中,选题指标主要考察选题的学术价值或应用价值和对国内外研究状况的总体把握程度;论证指标主要考察研究内容、基本观点、研究思路、研究方法、创新之处;研究基础主要考察课题负责人的研究积累和成果。综合以上三大评价指标,匿名评审专家给出综合评价,即是否建议入围。

(二)项目实施与过程监管

目前,高校科研项目的实施与过程监督主要通过定期抽查在研项目、科研成果报送前同行专家评议、通过科研管理系统预警功能进行预警和监督三种方式进行。其中,定期抽查在研项目又称中期检查,其主要目的是规范高校科研管理部门及其基层单位两级科研管理,及时了解科研人员在开展科学研究工作中出现的问题,确保科研课题的顺利进行与结题。

中期检查的具体流程如图2-2所示。首先,各项目负责人须按照项目计划任务书或申请书要求,特别是年度工作计划和绩效考核目标要求,认真梳理项目实施进展情况,如实填报《科研项目中期检查报告(表)》,并附相关成果证明材料,送交所在学院、附院审核。其次,各学院、附院等高校基层单位对所属项目开展年度执行情况自查,督促项目负责人按照有关要求报送相关材料,并及时审核材料,签署审核意见,汇总后报送科研处。最后,由高校科研处审核汇总,根据报送材料抽查各学院和附院中期检查情况,并发文公布,根据中期检查情况安排科研项目配套经费。

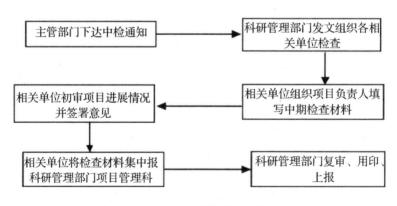

图2-2 项目中期检查流程图

定期或者不定期地开展科研项目检查评价,是科研项目中期管理实施质量管理的重要手段,能够保证科研各阶段始终处于受控状态。实施项目中期评价旨在考察项目实施过程中科研活动的进展状况,并依据评价结果预测研究成果的完成前景,为下一步决策提供完整、全面科学的参考意见。例如,我国国家重大科学研究计划项目实行"滚动支持、动态调整"的管理模式。在项目实施两年左右进行一次中期评价,目的是进一步明确项目的研究计划和目标,调整和优化课题设置、经费和人员配置。中期评价的重点是科研项目的工作状态和研究前景。其中,工作状态主要指研究任务的落实情况、承担单位支撑条件的落实情况、研究思路的创新性、研究队伍的开拓创新意识、学术交流情况、项目管理是否规范等。研究前景主要指项目预期在引领科学和技术发展、解决国家重大需求方面发挥的作用、研究工作的创新前景、取得重大突破的可能性等。

(三)项目预算调整

为规范科研经费使用,高校科研管理部门通常规定纵向科研项目的经费预算一经批复,原则上是不予调整的。然而受项目实施周期长、内外部环境变化大等客观因素影响,项目实际经费支出与最初预算之间往往会出现较大差异,项目预选调整现象时有发生。如果确需调整并符合要求,可以按调整程序进行调整。详见图2-3。但对于已进入结题阶段的科研项目明确规定不得进行预算调整申请。

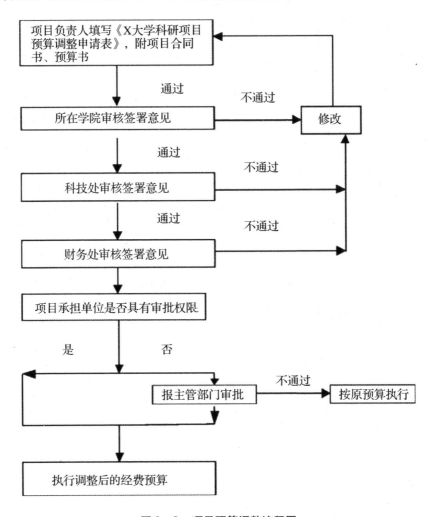

图2-3 项目预算调整流程图

（四）项目结题与验收

在项目结题与验收阶段,首先,科研管理部门提前通知或项目负责人提出结题、成果评价申请;其次,高校科研处等相关单位组织项目负责人填写结题材料,对项目结题情况进行初审后,根据情况由单位学术委员会主任签字盖章,将《结题报告》连同研究成果一起上报给科研管理部门;再次,由科研管理部门根据各类项目的要求组织复审,待复审通过后用印、上报;最后,项目负责人持科研管理部门开具的经费结账通知单到财务管理部门办理经费结账手续。

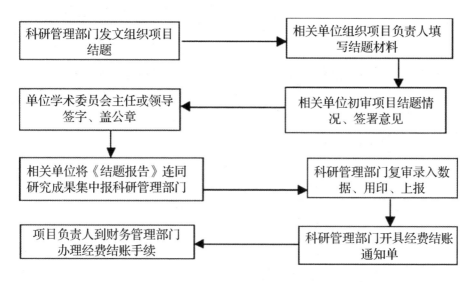

图2-4　项目结题与验收流程图

　　项目结题与验收阶段的评价又称终结性评价或结题评价,旨在对整个项目的实施情况、研究成果与目标匹配情况、研究成果的价值等进行系统评价。终结性评价的主要侧重点在于验证研究成果是否具备科学性、创新性,以及科学价值、成果的质量和获得收益是否满足立项时设定的目标等,并根据评价结果对项目作出是否按期完成、延期或终止、撤项等鉴定意见。

第二节　我国高校科研项目绩效评价实证研究

长期以来,国内众多学者对于高校科研绩效评价研究焦点主要集中在宏观层面的理论研究,实证研究相对较少。理论研究大多局限于探索性研究、描述性研究以及泛化反思,实证研究则多是停留在浅显的分析层面,缺少深入研究。本节选取了部分高质量研究生学位论文,来探索我国高校科研项目绩效评价实证研究现状及发展趋势。

一、基于绩效评价理论与方法的实证研究

绩效评价理论与方法是一门实践性很强的学科,其研究对象是社会中各形态的组织,从宏观、中观、微观多角度对组织绩效评价方法进行系统论述。王雪珍(2007)通过借鉴企业绩效评价理论和总结分析前人对高校科研项目绩效评价研究成果的基础上,针对高校科研项目的特点,以科研项目绩效的评估阶段作为切入点,结合专家咨询法,归纳出绩效评价指标在设置上的共性,构建了反映科研项目成本与效益的评价指标体系,运用模糊数学理论(Fuzzy Theory)建立了高校科研项目绩效的模糊综合评价模型。[①]

---

① 王雪珍:《高校科研项目绩效评价研究——企业绩效评价理论在高校科研管理中的应用》,中南大学硕士学位论文,2007 年。

数据包络分析方法（Data Envelopment Analysis,DEA）是运筹学、数理经济学、管理科学、计量学、统计学等多学科交叉领域的一种方法,是效率评价中常用的一种评价模型。它是根据多项投入指标和多项产出指标,利用线性规划的方法,对具有可比性的同类型单位进行相对有效性评价的一种数量分析方法。DEA 方法及其模型自 1978 年由美国著名运筹学家 A. Charnes 和 W. W. Cooper 提出以来,已广泛应用于不同行业及部门,常被用来测量评价多指标投入和多指标产出的效率,衡量系统的有效性。

吕晨（2011）根据 2002—2010 年《高校科技统计资料汇编》相关数据对高校科技经费的财政投入进行了描述性研究,发现政府经费始终是科技经费的主体;按照学校规格、隶属、类型三种标准对高校科技经费进行了分类描述,得出获得经费最多的学校类别依次为教育部直属院校、"211"及省部共建学校和工科院校。然后利用代表性高校数据进行了数据包络分析和结构方程模型（Structural Equation Modeling,SEM）分析。DEA 分析结果表明整体效率欠佳,投入产出配比失当,科技经费投入的短缺是造成效率低下的重要原因,作为这两类高校科技经费最主要组成部分的政府拨入资金缺口的严重程度亟待关注和解决,同时教育部直属院校科研绩效提升的紧迫性亦不容忽视。SEM 分析得到的结果显示不论是"211"及省部共建院校整体还是其中的直属院校,政府经费效益均低下。研究还进一步发现了科技投入对直属与非直属院校学术和专利两类成果的影响力度存在差异,并得出了非直属院校比直属院校产学研结合程度更为紧密的结论。①

---

① 吕晨:《高校科技经费的财政投入效益研究》,南京财经大学硕士学位论文,2011 年。

陈浩(2012)以 DEA 模型(包括 DEA 视窗分析模型)和高校科研评价的相关理论知识为基础,应用 DEA 视窗分析模型对高校多年的科研效率进行动态研究。按照科研评价指标体系的"本体论标准",遵循科研评价指标体系构建的六个步骤,尝试构建了我国高校的科研评价指标体系,并应用 DEA 视窗分析模型对我国各省市高校在 2003—2007 年、2003—2008 年和 2003—2009 年的科研效率分别进行了动态分析和评价,揭示了高校科研投入产出的滞后期对高校科研评价结果具有很大的影响,提出了一些对策和建议:从重视科研产出的数量转向重视科研相对产出的质量;重视高校科研投入产出滞后期对高校科研效率的影响;重视高校科研效率的不同影响因素;评价方法实现多样化,如除 DEA 模型外,还有模糊综合评判法、人工神经网络评价法、灰色综合评价法以及可拓法等,从多角度来考察评价对象。①

张弛(2014)针对高校二级院系科研效率评价较为少见等高校科研管理者关注的问题,依据全面性与系统性、科学性与合理性、可操作性与可比性及政策导向性的原则,构建了高校院系科研效率评价指标体系,并运用层次分析法设定了评价指标的权重,选取某教学研究型高校科研情况较为相近,具有可比性的 24 个二级院系为对象,引入 DEA 方法进行了实证研究,提出了相应的政策建议:建立评价机制,制定激励政策,提高科研积极性,保持科研原动力;培育和引进高层次人才,加强科研团队建设;优化科研资源配置,形成可持续发展模式等。②

---

① 陈浩:《基于理想窗宽的 DEA 视窗分析模型的我国高校科研评》,哈尔滨工业大学博士学位论文,2012 年。

② 张弛:《基于 DEA 的高校院系科研效率评价研究》,河南财经政法大学硕士学位论文,2014 年。

二、基于典型案例的实证研究

科学研究要坚持问题导向和需求导向,做能解决实际问题的研究。习近平总书记希望广大理论工作者"从国情出发,从中国实践中来、到中国实践中去,把论文写在祖国大地上,使理论和政策创新符合中国实际、具有中国特色"。贴近现实、贴近实际的案例分析法(Case Study Methodology)致力于解决复杂的现实问题。

陈敬全(2004)在总结国内外科研评价相关研究和实践的基础上,重点对具有较高应用价值的科研评价方法展开了系统研究,并结合实际数据进行了实证研究。研究从科研评价的信息基础出发,将科研评价方法分为三类:基于专家知识的主观评价方法、基于统计数据的客观评价方法和基于系统模型的综合评价方法,并按照这种分类分别对同行评议方法、德尔菲法、文献计量方法、层次分析法和综合评价法等科研评价方法展开研究。最后对主成分分析法用于综合评价的可行性进行了实证研究,用综合指标评价法对 627 所高校的科研实力进行了排序,并能在研究中强调了"规模与效率并重"的思想。[①]

刘娟(2011)对科研成果的概念、组成以及科研评价的内涵、类型等分别进行了论述,阐述了政府主导型高校科研评价的概念、特征及其在我国所处的地位,提出了政府主导型高校科研评价的内容与标准,即应体现评价的监

---

① 陈敬全:《科研评价方法与实证研究》,武汉大学博士学位论文,2004 年。

督性、激励性、导向性三大基本原则,评价应具有现实性与可持续性。研究还进一步指出高校科研评价应始终强化科学研究、社会服务、人才培养三大导向,遵循科学研究的自身规律。最后重点阐述了政府主导型高校科研成果评价所存在的问题,并以中南大学近年的科研获奖分析为例,探讨了科研评价的主要方式及途径,进而提出了政府主导型高校科研成果评价改革完善的路径选择,即以社会为主体政府参与的改革设想。[①]

吴刚(2012)在基于大量文献检索和国内财政科技资金绩效评价实证调查的基础上,分析了高校作为特定主体在承担科研项目方面的独特性,以及不同类型高校在承担科研项目的能力和类型上的差异性,指出政府财政科技资金的绩效评价体系和资助体系应体现高校不同类型之间的差异。同时,运用所设计的浙江高校科研项目财政科技资金绩效评价体系对浙江部分高校进行了实证分析,分析得出不同类型高校之间的科技资金绩效评价水平差异和现有财政科技资金资助模式的优缺点,探索出以高校科研项目的财政科技资金绩效评价为基础,以评价结果为依据,研究不同类型高校的科研项目财政科技资金资助模式。为提高浙江省科研项目的效率与效益,研究还提出了对策与建议:应该着重从加强项目进展情况监督、保障项目人才投入及经费投入、引导项目产出成果转化、关注项目对社会的影响、重视人才培养等方面入手。[②]

王琳娜(2012)围绕"第三方"视角的中国特色科技评价体系的构建进行

[①] 刘娟:《政府主导型的高校科研成果评价研究》,中南大学硕士学位论文,2011年。
[②] 吴刚:《高校科研项目资助绩效评价及其对策研究——以浙江省的实践为研究案例》,吉林大学硕士学位论文,2012年。

了系统论述和深入分析。首先,对照国外成功经验,找出了我国科技评价体系目前存在的问题和不足。例如,科技评价组织管理体系"错位";科技共同体在科技评价活动中发挥作用不足;评价系统的制度化建设不足;评价方式缺乏多样性;科技评价泛滥且过程缺乏规范性;信用问题突出;评价保障机制不健全等。然后通过对科技社团自身特征进行概述,明确了科技社团在科技评价体系中的职能定位,指出了科技社团承接部分政府转移科技评价职能的可行性和必然性,构建出了"第三方"为主体的科技评价体系,并对"第三方"为主体的科技评价体系进行科技评价的程序设计和制度安排进行了研究。最后以山东省应用统计学会组建"科技评价中心"为例,构建了专家库,并根据不同评价对象、评价目的运用 AHP 法分别建立了相应的评价指标体系和综合评价模型,制定了科技评价中心的工作流程和相应制度,形成了相对较为完整的"科技评价中心"组建方案。①

卿颖(2014)采用案例与理论分析相结合的方法,对预算管理理论和绩效评价理论进行了描述性分析,对我国高校科研经费投入及分配现状进行了介绍,以 A 高校为例揭露高校科研经费管理存在的具体问题,再运用以点及面的方法,为我国高校科研经费管理提出了具体对策:提高科研认识、严格内部控制、加强审计监督、建立效益评估、实行绩效管理、健全问责机制等。力争建立一套严谨的科学管理体系及规范控制体系,增加研究资金的透明度,让资金分配过程更透明,更公开,建立健全科研经费分配公平公正

① 王琳娜:《基于"第三方"视角的中国特色科技评价体系研究》,济南大学硕士学位论文,2012 年。

的运行机制。[1]

李艳玲(2015)结合项目管理相关理论模型,对高校科研项目评价进行了深入探究。构建了高校科研项目评价体系,包括高校科研项目评价持续过程改进协同创新能力模型、高校科研项目全过程评价指标体系及评价流程和思路等内容,力争通过对高校科研项目实施基于诊断分析优化评价的循环评价,推进高校科研项目过程持续改进并实现动态递层上升,提升高校科技能力的动态可持续发展,为解决我国高校科研评价管理中存在的问题提供参考手段和方法。[2]

陈小锋(2015)基于高校科技部门管理者的视角,运用复杂网络、管理学、绩效评价相关原理,根据科研项目的立项、执行、结题等环节,依据绩效评价指标体系的相关理论及高校科研项目的类型,对湖北省高校进行政府投入科研项目调查研究的基础上,提出了适于评价湖北省高校政府投入自然科学领域科研项目绩效的指标体系。[3]

李诗琪(2015)在深入分析现有科研项目绩效管理的基础上,通过对专家咨询访谈的方式提出了基于平衡记分卡(The balance score card,BSC)理论的高校科研项目绩效评价指标体系,在运用层次分析法确定了各指标权重的同时,将该绩效评价模型应用到一所中央与地方共建、以地方管理为主的普通高校——N 高校,通过对该校一些典型科研项目使用该绩效评价体系

---

① 卿颖:《我国高校科研经费管理研究》,西南财经大学硕士学位论文,2014 年。
② 李艳玲:《高校科研项目评价问题研究》,北京邮电大学硕士学位论文,2015 年。
③ 陈小锋:《湖北省高校政府投入科研项目绩效评价研究》,华中科技大学博士学位论文,2015 年。

的计算,发现了存在的问题,提出了对策和建议。①

刘威(2015)从我国工科高校院系科研绩效特点分析入手,系统阐述了国内外关于高校科研绩效评价研究现状,通过广泛问卷调查和专家访谈,详细分析了影响高校科研绩效水平相关指标的内涵及测定范围,并运用 U 型法和熵值法主客观相结合确定了各指标权重,构建了期刊论文、纵向科研项目、专利、科研获奖与成果鉴定、学术兼职、成果转化六个指标为主要内容的高校科研绩效综合评价模型体系。并应用该模型对某高校二级学院的教师科研绩效水平进行了实证分析,编制了基于 JAVA 语言的高校院系科研绩效评价管理系统。同时,研究还以某高校四个二级学院五年的数据为样本,对科研绩效评价指标之间及各评价指标与科研绩效综合水平之间的相关性进行了分析,提出了提升高校院系科研绩效综合水平的有效途径和办法。②

汪凌洲(2015)以农科为优势,以生命科学为特色,农、理、工多学科相结合的研究型大学——H 大学为例,从 H 大学科研项目经费绩效评价的现状与问题切入,分析了影响科研项目经费使用绩效的主要因素并筛选相关评价指标,论述了模糊层次分析法的原理和步骤,通过问卷形式请专家做出两两指标对比的重要性判断,将判断结果转化为模糊一致矩阵并运用相关公式计算出各项指标的权重,同时制订了相关评价标准,最终形成了一套适用于评价高校科研项目经费绩效的指标体系。为检验所构建体系的科学性与实用性,选取 H 大学六个科研项目,运用该体系对项目经费的使用效率进行

---

①　李诗琪:《高校科研项目绩效评价体系研究及应用》,华东交通大学硕士学位论文,2015 年。
②　刘威:《高校院系科研绩效综合评价与优化研究》,华北电力大学博士学位论文,2015 年。

了评价与分析,发现科研产出是影响科研项目经费绩效评价的主要因素,同时被评单位可以从各项评价指标的得分高低发现经费使用过程中的不足之处,从而改进。研究最后提出了进一步完善高校科研项目经费绩效评价工作的几点建议:定性评价考核与定量评价考核相结合;重视评价结果与改进工作相结合;绩效评价与绩效督导相结合。[①]

王涛(2016)聚焦北京市属高校科研预算拨款,基于绩效拨款相关理论对北京市属高校预算拨款中涉及科研水平提升的经费项目和拨款方式进行了分析,采用文献研究法和比较分析法,参考和借鉴了英国高等教育拨款中的科研水平拨款,提出应当改革现有的拨款方式,通过引入绩效理念,增强高校在提升科研水平方面的责任意识与主动性。同时,在现有北京市政府对北京市属高校投入总量不增加的基础上,给出了优化高等教育财政拨款的建议:对现行的基础拨款和项目拨款的比例进行重新调整,明确在一般拨款中增加用于科研水平提升的经费,并根据科研活动规律将其划分为用于基础科研发展的一般科研预算拨款,以及通过引入绩效和市场化竞争机制的用于提升科研水平的拨款。[②]

王曦(2017)采用平衡计分卡原理,建立起科研项目绩效评价的指标体系,围绕科研成果、人才培养、基础设施建设、经济社会效益、科研效率等方面进行评价。然后采用层次分析法,对各领域专家发放调查问卷,确定各层次、各指标的权重值,并对权重值进行一致性检查,确定其合理性和有效性。

---

① 汪凌洲:《高校科研项目经费绩效评价指标体系构建研究——以 H 大学为例》,华中农业大学硕士学位论文,2015 年。

② 王涛:《北京市属高校科研预算拨款研究》,北京工业大学硕士学位论文,2016 年。

最后利用建立的科研项目绩效评价体系对 N 高校部分国家自然科学基金项目进行绩效评价,经费使用数据、科研成果等作为评价指标数值,分析存在的问题并提出相应的解决对策:一是保证评价机制公开透明,二是重视科研成果转化率,三是重视人才的培养和基础设施建设,四是建立监督反馈机制,规范科研项目管理,五是扩大对外交流,拓展国际发展空间。①

三、基于国际比较视角的实证研究

高校科研项目绩效评价离不开国际标准与国际参照。在国际比较中汲取经验教训,从国际比较的视野,可以准确定位自身发展优势和特色,查找差距和不足。

丁宇(2008)分析了我国目前科研评价的现状和问题,对当今国际上较有影响的由国家主导的科研评价制度进行了分类整理,归纳为三种模式:第一种模式是与科研经费没有直接联系,例如欧洲大陆的荷兰和德国;第二种模式是评价结果决定了科研经费的分配,例如英国和我国香港特别行政区;第三种模式是一种混合模式,即同行评议和绩效指标同时被运用于对科研活动进行等级评定,然后再通过绩效基金对高质量的科学研究进行奖励。例如新西兰和爱尔兰。然后进一步分析了国家主导科研评价制度建设的理论框架和动因,即公平、问责和激励,还分析了针对大学和科研机构的中观

---

① 王曦:《高校科研项目绩效评价研究与应用——以 N 高校国家自然科学基金项目为例》,南京师范大学硕士学位论文,2017 年。

层面科研评价制度缺位现状是建立由国家主导科研评价制度的现实根源，并提出了关于国家主导科研评价制度的初步设计，为国家主导的科研评价设计了回避、公示和专家库等相关配套制度，勾勒出了该科研评价制度的基本雏形。[①]

陈洋子(2017)对英、美、法、澳大利亚四国大学科研评价体系进行了梳理，从国际比较的视角找出四国大学科研评价体系的共性与异性特征，结合我国现有大学科研评价体系与"双一流"建设的主要冲突和矛盾，参照四国大学科研评价体系的先进经验和具体做法，探索合理评价我国"双一流"大学科研能力的途径和方法，如建立评价"双一流"大学科研能力的中介组织，增进评价"双一流"大学科研能力的指标和方法，规范评价"双一流"大学科研能力的操作等。[②]

谢静娴(2018)对科研计划项目第三方评估的内涵、基本原则、功能、特点等基本理论问题进行了梳理，对中、美、英、德、日五国科研计划项目第三方评估构成、运行进行了比较研究，从我国科研计划项目第三方评估组织遴选方式、评估咨询方式、权利形成方式、委托及激励方式和监督方式等方面开展对策研究，并提出了符合我国国情的科研项目第三方评估的基本思路与政策建议。具体包括：强化科技管理第三方参与的制度建设；多元化创新体系的建设促进新经济成长；建立第三方评估机构的准入、激励和评估制度；培育科研项目第三方评估市场。[③]

---

① 丁宇：《基于国家主导的科研评价制度建设》，中南民族大学硕士学位论文，2008年。
② 陈洋子：《大学科研评价体系的国际比较研究》，江西师范大学硕士学位论文，2017年。
③ 谢静娴：《我国科研项目第三方评估研究》，东华大学硕士学位论文，2018年。

综上所述,国内学术界从不同的研究方法和研究视角对高校科研项目绩效评价进行了较为深入的实证研究,涌现出一大批研究成果。这些研究是积极而有益的探索,取得了一定的成绩,为我们继续探讨这一课题提供了良好资源和基础。其中,基于绩效评价理论与方法的实证研究和基于典型案例的实证研究的侧重点主要放在高校科研项目绩效评价指标体系的构建上,采用具有可比性的数据可视化指标进行量化比较和排名方式,具有一定的客观性和科学性;基于国际比较视角的实证研究则侧重于高校科研项目绩效评价的制度框架等较为宏观的层面,不仅仅止步于对事物或者现象的解释,更为注重概念和理论的构建,可以为完善我国高校科研项目绩效评价制度提供有益参考与借鉴。

第三节　我国高校科研项目绩效第三方评价的缘起与发展

20世纪80年代以来,随着新公共管理理论和新自由主义在教育领域的不断渗透与发展,国际上掀起一场高等教育领域科研评价的改革浪潮。知识经济和全球化的时代为大学发展带来新的机遇,使得国际经验快速传播。2001年,我国首次在高等教育领域明确提出绩效评价的政策文本。2005年政府工作报告的再次强调使得绩效评价迅速成为教育评价改革的重点和学界研究的热点。但是国际经验本土化探索的历程本就错综复杂,缓慢而曲折。更何况绩效评价本身就诟病颇多,饱受争议。

（一）学术研究中的高校科研绩效第三方评价

科研绩效评价问题主要包括科研经费投入与产出比的评价、高校教师科研绩效与能力评价等。随着科研评价从对"量"关注转向到对"质"追求，以获得科研潜力和科研产出效率为导向的绩效评价逐渐成为研究热点。国内对于科研绩效评价的研究起步较晚，但近年来发展速度较快。2003 年，财政部印发的《中央级科教文部门项目绩效考评管理试行办法》中，将绩效考评管理引入科教管理中来。[①] 至今，国内关于高校科研绩效评价的相关研究涌现出一批高质量的研究成果。许多学者在科研绩效评价目标、内容、方法、指标以及国内外比较研究等方面做了大量的探索与实践。[②]

科研绩效评价的核心应是大学治理其自身的能力，这也是大学坚守自由与自治等传统价值的基本条件。早在 21 世纪之初，我国学者就提出绩效评价要注重过程和现场调查，指出科研评价中存在不合理的科研成果计量

---

① 高涵、付旭敏、邢艺潆：《改革开放以来中国教育科研评价研究：现状、热点及趋势》，《大学》（研究版），2020 年第 5 期。

② 例如（1）张国春：《借鉴国际科研计量评价方法构建新的人文社会科学科研评价体系》，《社会科学管理与评论》，2001 年第 1 期；（2）蔡永红、林崇德：《绩效评估研究的现状及其反思》，《北京师范大学学报》（社会科学版），2001 年第 4 期；（3）杜伟：《高校科研评价现状与完善途径探析》，《高等教育研究》，2004 年第 4 期；（4）宗晓华、陈静漪：《英国大学科研绩效评估演变及其规制效应分析》，《全球教育展望》，2014 年第 9 期；（5）杨瑞仙、梁艳平：《国内外高校科研评价方法比较研究》，《情报杂志》，2015 年第 9 期；（6）阎凤桥、闵维方：《从国家精英大学到世界一流大学：基于制度的视角》，《北京大学教育评论》，2017 年第 1 期；（7）李辉、赵嘉仁：《我国高校科技评价的问题及对策研究》，《中国集体经济》，2017 年第 23 期；（8）刘瑞儒、何海燕：《世界一流学科建设中期绩效考核评估研究》，《研究生教育研究》，2018 年第 2 期；（9）白强：《大学科研评价旨意：悖离与回归》，《大学教育科学》，2018 年第 6 期；（10）操太圣：《遭遇问责的高等教育绩效化评价：一个反思性讨论》，《南京社会科学》，2018 年第 10 期；（11）严萍：《高等教育第三方评估机构的基本特征与建设路径》，《高教探索》，2019 年第 10 期，等等。

办法、排名、利益导向、考核指标等问题,会助长学术作假和社会浮躁之风,建议科研评价做到方法科学、导向正确、分类评价并加强师德建设、克服学术上的急功近利。目前思辨研究仍主要停留在通过对国内外科研方法、研究文献的梳理和比较分析我国科研评价存在的问题,提出建议,仅部分学者从权力、理性、历史、制度和组织等视角深层次地反思大学建设中的评价问题。实证研究则集中在评价指标构建和实践操作,甚少涉及我国高校内部对科研评价机制的需求如何以及为什么要进行绩效评价。①

一般来说,高等教育评价中的第三方评价主要有两大目的,一是提高大学教育与研究水平和质量,实现大学的教育目的和社会责任;二是为有效进行教育投资或资源重点配置提供客观依据,解决教育资源浪费,提高教育经费使用效益。"谁是第三方?"第三方评价的实施机构即评价主体的恰适与否,是否是一个具备组织化、专业化,兼具操作能力和执行能力,且能够得到教育评价对象即用户认可的第三方决定着评价最终目的的达成与否。

第三方评价一路走来并非一帆风顺,各地在不断探索、实践的过程中,也出现了反复和挫折。一方面,评价机制本身还存在一定缺憾。例如,被委托的第三方学术机构在具体评价细节上往往无法精确把握,从而导致了评价结果的不完整性。我国现有的一些采用民办非企业单位形式注册的评价机构在初创期和运作过程中尝尝面临着专业基础不牢、专业人员不足、机构内部如何治理、如何与社会互动、如何锚定和寻找可靠的用户等等困难和问

---

① 刘丽华:《我国高校科研绩效评价的困境与审思》,《扬州大学学报》(高教研究版),2020 年第 2 期。

题。同时,这些机构在与用户的互动中,也存在着双方对"第三方评价"认知差异的问题。第三方评价机构和用户群体之间存在着互动、协作、共生的关系。从用户的角度来说,要想真正实施好第三方评价,就需要有更多的用户来使用,使用者越多,第三方评价就发展得越成熟。用户大多是希望第三方评价机构在评价时多做正面的、积极的评价,而对负面的、消极的评价存在一定的抵触心理。第三方评价恰恰是把用户存在的问题给指摘出来,只有找出真问题,才有可能解决问题,展现第三方评价机构的价值。这种在双方的心理和目标预期上存在的偏差,在一定程度上导致了目前第三方评价还缺少真正的用户。也正是缘于用户方存在着不想花钱自揭短处等顾虑,我国教育领域的第三方评价才难以在短期内形成健康、蓬勃发展的市场。另一方面,市场的不完善、不健全恰恰也是用户在尝试引入第三方评价时最容易面临的困境。这是一种相辅相成的逻辑关系。

总之,第三方评价无法充分发挥出它的优势作用,更枉论把这种优势转化成政府管理改革的强有力支持,要想真正做好第三方评价显然任重道远。因此,为了避免和少走"冤枉路",使得第三方评价走得更远,必须从实际出发,采取强而有力的手段、制定切实可行的制度,并以此为依据,制止盲目跟风,以决策者的好恶和实用主义需要走上"其兴也勃焉,其亡也忽焉"的道路。

(二)国家教育政策文件中的"第三方评价"

社会公共政策的制定离不开政策研究者和学术界的影响。随着学术界对于第三方评价认识的持续推进和社会需求的增长,教育第三方评价日益受到关注,国家层面的多个教育政策文件也逐渐确立了第三方评价的合法地位。我国政府对于推进高等教育第三方评价政策是积极的、连续的,政策态度也是日益明确的。

《国家中长期教育改革和发展规划纲要(2010—2020 年)》提出了"改进教育教学评价。根据培养目标和人才理念,建立科学、多样的评价标准。开展由政府、学校、家长及社会各方面参与的教育质量评价活动"。该文件中虽然没有直接使用"第三方评价"一词,但蕴含了多元主体共同参与评价活动这层含义。2012 年 9 月,中共中央、国务院颁布了《关于深化科技体制改革加快国家创新体系建设的意见》,指出要深化科技评价和奖励制度改革。

党的十八大以来,在教育领域推行以"管办评分离"为基础的"多元评价","第三方教育评价"的推动力度得到进一步加强。2013 年 11 月,党的十八届三中全会通过了《中共中央关于全面深化改革若干重大问题的决定》,再次明确要求"深入推进管办评分离,扩大省级政府教育统筹权和学校办学自主权,完善学校内部治理结构。强化国家教育督导,委托社会组织开展教育评价监测"。

2014 年,从国务院到各个部委、地方政府,都开始大规模地引入第三方评价。是年,李克强总理至少在 7 次国务院常务会议上提到了"第三方评价"。时任国家行政学院党委书记的陈宝生认为,2014 年可以被视为"中国第三方评价的元年",国务院层面上对一些重点政策的执行情况进行第三方评价,给全社会发出一个信号,即第三方评价将会成为政府管理中的一个常态。

2015 年,教育部下发《关于深入推进教育管办评分离,促进政府职能转变的若干意见》。该意见将现代学校制度和评价制度作为一个整体,明确"推进管办评分离,构建政府、学校、社会之间新型关系,是全面深化教育领域综合改革的重要内容,是全面推进依法治教的必然要求","以推进科学、规范的教育评价为突破口,建立健全政府、学校、专业机构和社会组织等多元参与的教育评价体系"。明确了"学校自评""政府督导""专业机构和社会组织开展教育评价"的三种评价模式一并发展的架构,具体表述为"大力培育专业教育服务机构,整合教育质量监测评估机构,完善监测评估体系,定期发布监测评估报告。扩大行业协会、专业学会、基金会等各类社会组织参与教育评价。制定专业机构和社会组织参与教育评价的资质认证标准。引入市场机制,将委托专业机构和社会组织开展教育评价纳入政府购买服务范围,按照公开、公平、公正原则,建立健全招投标制度和绩效管理制度,保证教育评价服务的质量和效益"。此外,2015 年修订通过的《中华人民共和国高等教育法》新增添了"教育行政部门负责组织专家或者委托第三方专业机构对高等学校的办学水平、效益和教育质量进行评估,评估结果应当向社会公开"的条文,说明发展第三方评价已经成为高等教育界的共识,也有了法律依据。

2016 年《国家创新驱动发展战略纲要》提出根据不同创新活动的规律和特点,建立健全科学分类的创新评价制度体系。2017 年 9 月,中共中央办公厅、国务院办公厅印发《关于深化教育体制机制改革的意见》,重申"建立健全教育评价制度,建立贯通大中小幼的教育质量监测评价制度,建立标准健全、目标分层、多级评价、多元参与、学段完整的教育质量监测评价体系",进一步明确强调"健全第三方评价机制,增强评价的专业性、独立性和客观性"。2018年,中共中央办公厅、国务院办公厅印发的《关于深化项目评审、人才评价、机构评估改革的意见》指出针对自然科学、哲学社会科学、军事科学等不同学科门类特点,建立分类评价指标体系和评价程序规范。

2020年10月,中共中央、国务院印发《深化新时代教育评价改革总体方案》,强调新时代教育评价改革目标是"到2035年,基本形成富有时代特征、彰显中国特色、体现世界水平的教育评价体系",在组织实施方面需加强专业化建设,"构建政府、学校、社会等多元参与的评价体系,建立健全教育督导部门统一负责的教育评价监测机制,发挥专业机构和社会组织作用"。一系列国家政策的相继出台,促进教育科研评价研究稳步向纵深方向发展。

综上所述,我们不难发现,"第三方教育评价"在我国加快推进教育现代化的进程中,正越来越展现出独特的价值和意义。政策连续且日益明确显示出这是我国教育体制健全发展的必然选择。在我国已然开启的第二个百年奋斗目标新征程中,进一步促进第三方教育评价发展也是必然趋势。但是与高等教育领域行政机构的设置审批相比,我国科学计划项目管理领域评价机构的第三方评价发展相对缓慢和滞后。如何防范第三方评价发展面临的风险,准确预测第三方评价未来发展的方向,仍需参考和借鉴发达国家的成熟经验。

(三)实践中的高校科研项目绩效第三方评价

目前为止,我国高校科研项目的评价工作一般还是采用"谁立项,谁管理,谁评估"模式。从项目申报到项目结题的组织管理工作和监督评价工作主要由科研管理部门承担。科研管理部门自己立、自己管、自己查的方式,不可避免地给科研项目验收评价带来一些隐患。例如,评价工作管理松散、评价流程有失严谨、评价活动中存在重人情拉关系、本位主义等现象。这种评审体制机制下得出的评价结果,会有失公允,评价工作的严肃性、权威性和科学家的公信力受到了公众越来越多的质疑。

社会对第三方教育评价的需求在于第三方的相对独立性、客观公正性、专业性。我国科研管理部门已经意识到了上述问题,并开始以设立独立的评价机构、办公室等方式探索第三方监管的评价模式。1998 年后,上海教育评估事务所、云南高教评估事务所、江苏教育评估院等政府主办的省级评估机构建立,2004 年教育部成立高等教育评估中心,这些机构主要进行的是第一方评价或第二方评价,偶尔也开展一些带有第三方评价性质的工作。第三方教育评价在我国真正得以推广和实施始于 2010 年。此后,北京等地就开始委托第三方的财务公司邀请包括教育、管理、财务等方面的专家在内的专业人士对教育经费使用进行事前、事中、事后评估,并在全国多地推广,这类评估的主体虽是财政经费,却与教育直接相关。麦可思公司进行的大学生就业调查、多家公司进行的大学排名也在一定程度上具有第三方教育评价性质,也有一些学校或政府委托第三方进行评价、撰写质量评价报告。①

我国科研绩效第三方评价的实践主要集中在科研项目验收评价阶段暨科研成果鉴定方面。为探索和建立以市场为导向的新型科技成果评价机制,科技部早在 2009 年就启动了科技成果评价试点工作,中科合创是经科技

---

① 储朝晖:《中国第三方教育评价发展的机遇和挑战——兼论第三方教育评价机构联谊会发展》,《评价与管理》,2018 年第 2 期。

部等有关部门批准成立的我国第一家第三方科技成果评价机构。2016 年，国务院印发《"十三五"国家科技创新规划》，提出把第三方科技成果评价结果作为财政科技经费支持的重要依据。通过第三方专业评价机构对科技成果的科学价值、技术价值、经济价值、社会价值进行客观、公正的评价，将有利于获得投资方和合作方的认可，有利于技术交易的顺利进行，有利于获得政府支持。①

自 2013 年起，中科院北京国家技术转移中心和中关村兰德科教评价研究院合作开展第三方科技评价的探索。2015 年首次发布了机动车尾气治理"尾革"技术等一批通过第三方科技评价的成果，第三方科技评价在线平台、第三方科技评价理论与方法框架也同时公布。同时，还建立了以 101 位两院院士为核心的专家数据库，利用"互联网＋科技评价的理论和方法"，采用了定性和定量相结合、机评和人评相结合、线上和线下相结合的方式，委托并指导北京中科国睿软件开发有限公司研发了第三方科技评价在线平台。第三方科技评价重在科技成果的先进性、成熟度、产业化和市场化评价，用户体验是第三方科技评价的重要方法。②

第三方科技评价的探索也扩展到了高教领域。2021 年 3 月 10 日，首批国家骨干高职院校之一的滨州职业学院在其官网发布了《关于征集社会中介机构（第三方）评价科技成果的通知》。此举的目的是"按照省、市科技部门关于进一步改进和规范科技成果登记工作的通知要求，为弥补学院现有

---

① 沈春蕾：《第三方科技成果评价：用专业说话》，《中国科学报》，2019 年 7 月 25 日。
② 陈磊：《第三方科技评价理论与实践成果发布》，《科技日报》，2015 年 10 月 22 日。

科技成果不足的现象,优先支持支撑和引领我市经济社会发展的重大技术难题的校企、校政合作成果进行社会中介机构(第三方)评价"①。

但就目前我国的发展情况来看,与建立完全独立的第三方评价机制还有较大差距,尚未形成开展独立第三方机构评价的氛围和实力。第三方教育评价的发展本身是多方协调的过程,单靠政府的主观意愿提倡,或单靠社会急切盼望都很难实现有效发展,而需要几方面在有共识的基础上,多多沟通、互动、协调,逐渐提高专业性、信誉度、规范性和需求层次。这其中常出现的问题是,初生的第三方教育机构不完善,还会存在一些明显缺陷,导致部分公众不仅不相信,还会抵制、蔑视,甚至揪住一些问题不放;政府从怕出事、不出事的角度出发,一出问题立马出手取缔,第三方教育评价本身缺少成长和发展、完善的时空和机会,也就长久发展不起来。

因此,推动中国第三方教育评价的良性与健康发展,除了多方主体的默契配合,还有一些关键性门槛必须逐一迈过。第一道门槛是建立众多的多元和多样性的第三方教育评价机构。第二道门槛是提高对第三方教育评价结果的使用和认识水平,建立第三方教育评价结果使用机制。第三道门槛是建立并逐渐完善第三方教育评价行业标准。第四道门槛是形成第三方教育评价系统自身的完善机制。②

---

① 滨州职业学院:《2021年度学院科研成果第三方评价通知》,[2021-03-10][2021-04-02]https://kyc.bzpt.edu.cn/2021/0310/c1236a32417/page.htm.

② 储朝晖:《迟迟不就位的第三方教育评价》,《光明日报》,2016年1月26日。

第三章　美国高校科研项目绩效第三方评价制度

以科研为引领的美国高校,创造了20世纪以来美国高等教育的辉煌,美国高校尤其是研究型大学由此也成为世界的标杆,为其他国家所仿效,在其中,科研管理与评价制度在促进高校科研中发挥了重要作用。改革攻坚新时期,我国颁布实施了《深化科技体制改革实施方案》,对"构建更加高效的科研体系"做了专项部署,指出要"研究制定科研机构创新绩效评价办法"。对于面临创建"双一流"的高校科研而言,科研绩效评价又发挥了重要的引领和导向作用。面向新时期的高校科研,需要及时借鉴世界发达国家的制度与做法,并结合我国科研管理实际,做出取舍,为我所用。有鉴于此,本章拟聚焦美国高校的科研绩效评价,对其绩效评价的发展历程、制度环境以及突出特征等进行评价分析,在此基础上,结合我国高校科研评价现状,开展对比分析,并进一步提出相应的建议。

第一节 美国高校绩效第三方评价的缘起与发展

从国际趋势来看,各国政府越来越注重科技研发的"投入－产出"效应,社会公众关于政府的研发投入以及科研效益问责的趋势也越来越强烈;与此同时,各国也加大了科技研发投入,仅就经济合作与发展组织国家平均而言,自2001年以来,关于科技研发方面的投入平均增长率为6.1%,超过了国内生产总值平均增长速度。

一、美国高校科研的历史背景

纵览国际高等教育史,就高等教育场域中的科研活动而言,是在美国高校特别是研究型大学中得以长足发展。曾担任加州大学伯克利分校校长的克拉克·克尔将科研确定为大学的三项基本职能之一,美国高等教育史学家约翰·布鲁贝克从科研活动出发,将"探究高深学问"作为美国高等教育的根本追求,由此可见科研活动在美国高校中的独特地位和价值。

自20世纪初以来,美国大学科研活动形态大体经历了三个阶段:

首先是二战前的蓬勃发展时期。20世纪初,彰显"教学与科研相统一"理念、以"习明纳"和实验室等组织方式著称的德意志古典大学成为欧美诸国竞相效仿的标杆,吸引了无数美国学子赴德留学。一批先驱者如霍普金斯大学的吉尔曼、芝加哥大学的哈珀等,或是根据自身阅历,或是广泛任用留德回国学子,对所在高校予以兴革,他们在原有英式学院制的基础上,汲取德国大学研究经验和做法,创建了学系,并在学系的基础上进一步创设了跨学科研究组织,科研活动的组织方式更加灵活。在当时的美国,随着以电气应用为标志的第二次工业革命的兴起,社会各领域进一步加强了对科研的需求,顺势应时,美国大学的科研开始走向社会,由此而开展的实用主义取向也愈加鲜明。

其次是二战前后的"大科学"阶段,突出体现在联邦政府主动介入科研,向大学投入巨额资金,用以资助先进武器、航空航天技术等战略性领域的研发,例如20世纪40年代的"曼哈顿计划",吸引了世界顶尖级的数学、物理、化学、军事学等方面专家开展跨学科研究,在当时耗资共20亿美金,雇佣13万人,研究成果也极大彰显了科研的力量,也由此提升了高校在开展科研方面的独特优势,并日渐赢得了卓著声誉。

最后是20世纪80年代以来,高校科研进一步深度融入市场和社会。顺应社会经济和高校发展需求,联邦政府适时推出了相应的法案,进一步促进了大学与企业的联合,市场力量进一步介入。高校也在与企业开展合作中收获了经济利益。由此催生出了"学术资本主义""大学—产业—政府"三重螺旋模式等相应的高等教育科研理论。美国高校也从此进一步走向社会的中心,其科研功能尤为突出,进一步发挥了引领经济发展和社会进步的作用。

二、美国高校科研项目资助的法律环境与组织

（一）美国高校科研项目资助的法律环境

市场力量的逐步介入，催生了高校研究的商业化趋势，对美国高校而言，为提升自身科研水平和满足社会需求，必须通过加强与政府、企业合作，促进科技转化，以获得更多的科研资助，从而提升科研水平。联邦政府、企业和高校都意识到了科技进步在推动经济竞争方面的巨大潜能，于是日益注重高校科研与企业的密切合作。联邦政府通过颁布相关法案，调整资助方式，以促进大学－企业合作。企业更是积极参与，通过向高校提供科研项目与科研资金，以获取相应的研究成果和专利；大学也借助这一趋势，在商业化大潮中开始通过科研获取更多资金。政府、企业与高校三者之间的关系进一步融合，呼唤新的制度环境。在这种历史背景下，联邦政府先后制定颁布《史蒂文森·怀特勒技术创新法》①（the Stevenson – Wydler Technology Innovation Act）、《拜杜法案》（the Bayh – Dole Act）以及《政府绩效与结果法案》（the Government Performance Results Act，GPRA）。进一步鼓励高校与政府、企业和社会合作，长足发挥科研效益，以及开展科研绩效评估，促进科研发展。

经由战后经济的迅速发展，20 世纪 70 年代的美国，技术与工业创新已

---

① Stevenson – Wydler Technology Innovation Act of 1980，[2021 – 01 – 15] http://www.csrees.usda.gov/about/offices/legis/techtran.html.

经成为经济发展与社会进步的核心力量,人们生活水平的改善、新产业和就业领域的开拓、公共服务的增加乃至国家竞争力的增强,无不依赖于技术和工业创新。在当时,大学的合作伙伴仍限于联邦政府,而中小型工商企业在促进产业与技术创新上业已展现出巨大潜力。这种情况下,促进大学与企业合作,进一步释放大学科研创新活力以促进科技转化就成为必然。1980年,联邦政府出台了《史蒂文森·怀特勒技术创新法》。该法案旨在鼓励技术创新促进国家经济发展、环境改善以及社会福利。通过建立相关组织,提高政府在促进科研方面的职能,通过创办产学合作研究中心以促进技术发展;通过联邦、地方政府以及私人企业的合作,培训科技人员,促进技术发展与成果转化,鼓励学术、企业与政府实验室之间的科技人员交流。

同年,联邦政府出台了《拜杜法案》,旨在允许美国各大学、非营利机构和小型企业为由,联邦政府资助的科研成果申请专利,从而拥有知识产权,并通过技术转让而商业化。[①] 该法案指出了联邦政府如何通过鼓励科研来满足日渐增长的公共利益需要的途径,确定了企业在科技成果转化方面的作用,明确了大学科研对政府与赞助商的商业角色。该法案由此改变了联邦政府资助科研的模式,促使由拥有式的"管家模式"向赞助商所有的模式转化。[②] 并由此进一步影响到大学科研评价。

《史蒂文森·怀特勒技术创新法》鼓励大学-工业共享其合作科研成果,

[①] 南佐民:《〈拜杜法案〉与美国高校的科技商业化》,《比较教育研究》,2004 年第 8 期。

[②] Jennifer A. Henderson, J. D., M. P. H. John J. Smith, M. D., J. D. *Academia*, *Industry*, *and the Bayh – Dole Act*: *An Implied Duty to Commercialize*, [2021 – 01 – 16] http://isites. harvard. edu/fs/docs/icb. topic451262. files/Bayh – Dole_Henderson_Smith. pdf.

《拜杜法案》让高校里的科研人员有权通过其研究发明获得专利权并进而获取相关利润。这两项法案的颁布实施,充分鼓励大学迈向广阔的社会。一方面,通过鼓励创办产学研合作中心等跨学科研究组织,密切大学－企业合作关系,大学的科研前景更加广阔;另一方面,通过赋予大学相关专利获得权,以方便大学赚取利润,促使大学积极主动地投身资金筹集事业,同时也使大学在市场经济中更为灵活主动。

随着两项法案的深入实施,"政府—大学—企业"协作关系的市场化趋势进一步凸显,与此同时,20世纪80年代在欧美国家兴起的"新公共管理运动"的深入推进,使得社会各界对政府机关效率低下、浪费严重、政策失效等问题的关注程度日渐提升,关于政府问责的意识逐渐普及开来。在这种背景下,1993年,克林顿政府通过了《政府绩效与结果法案》(the Government Performance Results Act,GPRA)。旨在积极推动政府管制制度变革,运用全面质量管理、标杆管理等方法促进政府机构改进服务,推广绩效管理,从而再造廉洁、高效的政府。根据 GPRA 条文规定,其目的在于发起项目绩效改革,提高联邦项目效力,回应公众关注,改善服务质量,从而增强民众对政府能力的信心。该法案特地规定,政府部门须向国会和联邦政府管理和预算办公室(OMB)提交战略规划、年度绩效计划和年度绩效报告。[①] 该法案也是世界范围内最早通过的政府绩效法案,发挥了显著的国际影响,相应地,对联邦政府资助下的大学科研也发挥了重要影响。十余年后,时任总统奥巴

---

① The White House, *Government Performance Results Act of 1993*,[2011 – 01 – 04][2021 – 01 – 20] https://obamawhitehouse. archives. gov/omb/mgmt – gpra/gplaw2m.

马签署通过了该法案的修订版《政府绩效与结果修正法案》(Government Per-
formance and Results Modernization Act, GPRMA)。两相比较,GPRMA 是在
GPRA 实施基础上的完善,参与主体进一步多元化,评价目标进一步细化,并
强调了顾客服务评估、效率评估等方面内容,有力推动了美国社会各界尤其
是高校中的科研项目绩效评价。[1]

在 GPRA 的实施下,美国各州相继建立了绩效评估和绩效管理制度,并
建立了相应的以结果为导向的绩效指标。该法案的实施,进一步增强了美
国全社会对于政府、企业资助高校科研的问责意识,更加突出强调以结果为
导向的科学研究。在科研领域,美国科研项目申请、管理和评价也由此进一
步规范、合理。

(二)美国高校科研组织与项目管理流程

美国高校内部有着门类多样的跨学科组织,美国本土研究者多将其命
名为"组织化科研单位"(Organized Research Units, ORUs)。相对于院系一级
的在学科基础之上的组织,组织化科研单位的特征在于组织灵活,类型多
样,许多组织化科研单位就是因应科研任务创建和运行,能够较好开展跨学
科研究,承载的多是应用型研究任务。因此,高校之所以能获得联邦政府和
地方政府科研拨款,以及广泛与社会企业建立合作关系,多是组织化科研单
位在其中发挥了中坚作用,通过组织化科研单位,美国高校可以很好地根据

---

① The White House, *The Government Performance and Results Modernization Act of 2010*, [2011 - 01
- 04][2021 - 01 - 20] https://obamawhitehouse. archives. gov/omb/performance/gprm - act.

科研项目组建科研团队,执行研究任务。

美国高校科研项目实施和管理流程大体可以分为立项、执行和验收三个阶段。在立项阶段,项目发起人根据自身研究需求寻找相应的资金项目,并根据赞助方需求编制提案,经由院级和校级科研管理部门修改完善后,报送高校赞助项目办公室(Office of Sponsored Programs, OSP)进行审核,由其确定是否立项和提出必要的修改建议,最后提交给赞助商,并和项目负责人签订项目合同。在项目执行阶段,项目负责人及其团队按计划开展项目研究,项目管理机构也根据项目计划,对科研项目的实施过程、资源配置、资源管理等方面进行监督,及时回应或可出现的变更申请,确保项目顺利开展。在最后的验收阶段,主要围绕科研项目成果的评估及处置展开,是研究团队、科研服务管理部门、赞助方所共同关注的焦点环节。[1] 其中,对科研项目研究成果开展绩效评价是该环节的重要内容,决定着科研项目有无达成预期目标,以及所产生的社会效益等诸方面。

总体来看,我国高校科研项目申报立项与管理流程与美国高校大致趋同,但在管理方式、专业性程度以及评价方面尚存很大差距。在项目管理方面,受行政管理体制影响,我国高校的科研管理体系多依附于"校—院—系"的行政管理体制,组织模式仍为自上而下的科层制,在实践中容易产生科研项目重申报轻结项、科研评价重数量轻质量、科研管理重管制轻服务等问题。[2] 此外,在科研政策及制度环境、项目绩效评价的客观性、专业性方面,

---

[1] 李鹏晓:《美国高校科研项目管理研究》,华中科技大学硕士学位论文,2019 年。
[2] 李春林、吴晓涵、林童、陆凤:《高校科研管理体系对比分析——以卡迪夫大学和西北工业大学为例》,《科技管理研究》,2020 年第 10 期。

对照美国科研项目评价,也有待完善。

第二节　美国高校科研绩效评价的制度与内容

一、美国高校科研项目绩效评价制度

GPRA 颁布实施以来,对政府行政及其结果的评估从此前的"投入 – 产出"模式转换为"目标 – 结果"模式,即根据各联邦机构所设定的任务目标和结果完成情况评价其绩效。[①] 相应地,也直接促进了高校科研项目绩效评价的长足发展。

值得注意的是,从 GPRA 到修订颁布出台 GPRMA 的十余年间,期间经历了布什总统时代的科研评价改革。考虑 GPRA 主要是针对联邦机构开展年度绩效评估,进入 21 世纪后,白宫预算与管理局(Office of Management and Budget, OMB)和美国科学技术政策局(Office of Science and Technology Policy, OSTP)联合推出"研发投资标准"(Research and Development Investment Criteria),意在建立科技研发项目绩效评估更加一致的标准。该标准进一步强调科技研发的质量、相关性和绩效,其中,关于绩效,该标准强调机构每年必须记录项目绩效,详细描述它们要达到的绩效标准以及需要精确、独立的

---

① 刘莹、张大群、李晓轩:《美国联邦科研机构的绩效评估制度及其启示》,《中国科技论坛》,2007 年第 9 期。

评估来判断项目活动绩效能否达到预期目标。①

"研发投资标准"的出台实施,进一步丰富了美国科研评价制度。随后,布什政府又于 2002 年推出针对项目评估的"项目评级工具"(Program Assessment Rating Tool, PART)。PART 的主要目的是要在机构预算、计划和评价过程的基础上建立一致的评估框架和标准,既强调项目结果,又将预算计划和绩效表现联合起来。② PART 大致分为四个部分,每部分分别被赋予相应的权重百分比,分别是项目目标和设计(20%)、战略计划(10%)、项目管理(20%)、项目结果(50%)。③ 相对于 1993 版的 GPRA 和"研发投资标准"针对机构开展绩效评价,PART 则主要针对项目实施而开展,并且是经由 OMB 力倡实施,对科研项目绩效评价发挥了积极影响。奥巴马政府时期,抛弃了 PART,转而在吸收 PART 之关注项目管理流程的基础上,修订并推出 GPRMA,至此,美国科研项目绩效评价制度进一步完善。从 GPRA 到 GPRMA 的过程也可以看出,在制度建设方面,美国科研项目绩效评价尤为注重法律依据。

二、科研项目绩效评价主要关注的内容

就科研项目绩效而言,主要是指在项目执行全过程中,根据此前制定的

---

① Office of Management and Budget, *Research and Development Program Investment Criteria*, [2011 – 01 – 04][2021 – 01 – 25] https://www. nap. edu/read/12150/chapter/15.

② 刘莹、张大群、李晓轩:《美国联邦科研机构的绩效评估制度及其启示》,《中国科技论坛》,2007 年第 9 期。

③ STRATEGISYS, *OMB's Program Assessment Rating Tool (PART)*, [2011 – 01 – 04][2021 – 01 – 25] https://www. strategisys. com/omb_part .

阶段目标所达到的、可以根据指标衡量的计划完成程度，以及所产生的预期经济和社会效益。美国高校科研项目绩效评价主要包括两方面：一是对研究成果产出评价，如研究论著、成果专利、人才培养等；二是科研项目计划的完成情况、经费使用等具体细化的指标开展评价。①

对科研项目开展绩效评价不仅是衡量预期研究目标是否达成，而且还关系到科研成果的应用方向、社会效应乃至此后相关研究的拨款额度。有研究者将公共研发项目划分为 11 类作用影响，分别是：①知识增长，研究获致新发现，拓展了研究理论和方法应用，进一步推进了学科前沿，并有可能促进跨学科研究；②技术进步，主要借助专利成果来衡量技术、工艺和服务创新方面的研究进展；③经济回报，主要包括对组织预算、运营成本、利润和产品售价影响，对投资和生产活动以及对新市场开发的影响；④文化影响，主要是个体对知识、思想和现实的理解，以及对态度、兴趣、价值观和信仰等方面影响；⑤社会影响，主要包括对社会行为、习俗、消费习惯、生活观念影响；⑥政策影响，对于相应科技政策的影响；⑦组织影响，对科技组织活动的影响；⑧健康影响；⑨环境影响；⑩象征性影响；⑪教育/培训影响。②

一般情况下，美国高校针对科研项目绩效开展的评价主要涉及前三项，即科研项目之于知识增长和学科发展的作用，之于技术的创新作用以及所产生的经济回报和社会效益。在讲究量化实证的科研评价体系中，着眼于

① 李鹏晓：《美国高校科研项目管理研究》，华中科技大学硕士学位论文，2019 年。

② OECD，*Enhancing Research Performance through Evaluation，Impact Assessment and Priority Setting*，［2017 - 01 - 04］［2021 - 01 - 25］https://www. oecd. org/sti/inno/Enhancing - Public - Research - Performance. pdf.

知识进步、技术进步、经济回报和社会效益的科研项目绩效,会被赋予相应的量化指标以开展评价,例如论文、著作发表和出版数量、新发现和发明专利数量,项目执行过程中的成本节约、科研效率以及商业转化后的收益和利润等效益指标,等等。而关于所涉学科专业的知识进展、社会效益等,则很难通过指标量化方式开展评价,通常采用定性而非定量的方式开展绩效评价。

美国高校科研绩效评价大致分为三类:定量评价、定性评价、定量和定性相结合的评价方法。在多年的项目绩效评价实践中,三类评价方法各自发展出较为完善的评价体系,尤其是以量化评价最为突出,例如科学计量方法、计量经济分析、数据融合技术等等。此外,由相关专家组成的同行评议在科研项目从立项到成果绩效评价过程中也发挥着基础性作用,它既是定性评价的主要方法,亦可用于定量评价和定量、定性相结合的评价。

三、美国高校科研绩效评价的基本方式

为确保科研绩效评价的客观、公正和专业,美国高校科研绩效评价主要委托第三方开展评价。所谓第三方,是指除了赞助方和项目执行主体之外的专业评价机构或团体,例如,联邦政府层面主要包括美国国家自然基金会(NSF)、美国卫生研究院(NIH)等科研资助机构所延聘的专家团体,他们作为专业的第三方,在科研项目的立项、执行和绩效评价中发挥了重要作用。以 NSF 为例,作为美国高校最主要的科研资助机构之一,2016 年,NSF 中心电子专家库中的评议专家约有 40 万人,有 34181 人参加了评议,评议人遍及

美国的 50 个州和华盛顿特区、波多黎各等地,另有 3700 名评议人来自美国以外。① 这在相当程度上确保了科研项目评审的公正、专业与客观。相应地,以同行评议为代表的定性评价和以文献计量等方法为代表的量化评价,构成了美国高校科研项目绩效评价最为基本的评价方式。

(一)不断完善的同行评议

科学研究作为由已知探索未知的活动,必须通过同一专业的专家学者们的集中论证,方可确保科研活动在正常轨道上运行,因此同行评议是科研活动所必然采取的方式方法。美国能源效率与可再生能源局(EERE)在其"同行评议指导手册"中引述美国能源部、联邦政府管理和预算办公室等联邦机构的定义,将同行评议表述为:同行评议是一种严格、正式、有文案记录的评价过程,它运用客观标准,延请专业、独立的评审人员来判断方案和(或)项目的技术、科学和商业价值、实际或预期结果以及生产力和管理效率。② 这一概念也为国际组织所广泛引用并进而发挥了显著影响。OECD 在其"促进科研绩效"报告中,就以此作为权威概念,并引述欧美国家的相关研究与案例,阐述当前国际上关于同行评议的发展前沿。③

---

① 国家自然科学基金委员会官网:《美国国家科学基金会 2016 财年项目评议及资助相关情况》,[2017 - 10 - 11][2021 - 01 - 25] http://www. nsfc. gov. cn/publish/portal0/tab628/info71433. htm。

② U. S. Department of Energy,*PEER REVIEW GUIDE*:*Based on a Survey of Best Practices for In - Progress Peer Review*,[2004 - 08 - 30][2021 - 01 - 28] https://www. energy. gov/sites/prod/files/2015/05/f22/2004peerreviewguide. pdf.

③ OECD,*Enhancing Research Performance through Evaluation*,*Impact Assessment and Priority Setting*,[2017 - 01 - 04][2021 - 01 - 25] https://www. oecd. org/sti/inno/Enhancing - Public - Research - Performance. pdf.

美国科研项目管理体系中有着较为完备的同行评议制度,二战期间和战后"大科学"发展的背景下,美国科研项目管理中的同行评议得以建立并取得长足发展。最初,同行评议是作为一种项目研究资助的分配机制建立起来,从其定义也不难看出,同行评议首要是用来帮助确定科研项目是否能够立项并获得资金支持。而后,同行评议在判定研究价值、研究是否客观、研究价值评审等方面也发挥着重要作用。在 NSF、NIH 等机构的充分实施下,同行评议得以长足发展。

以 NSF 为例,来看同行评议在科研评价中的概况。作为联邦政府最大的科研拨款机构,NSF 也是世界上最早大规模采用同行评议来支持科学活动的资助机构之一,其同行评议系统也是目前国际上公认的遴选科学与工程学研究的黄金标准。[①] 就同行评议而言,由专业的、独立的审查人员组成学术共同体,秉持客观中立的原则,保障了科学研究的专业性与客观性,因此在学术界常被誉为"学术的守门人"。同样,也是因其学术共同体人数的有限,评审专家难免受其知识领域、研究能力、科研阅历、态度和价值取向等要素所限,以及或可出现的利益冲突等问题,同行评议也时常受到诟病。在政府工作人员,还是科学家那里,同行评议时常被讥为"限于精英圈子""忽略社会实用需求""歧视低声望机构中的学者""不重视年轻人""利益分配不均"等等。然而也正是在这样的质疑声中,NSF 不断完善同行评议制度,诸如扩充专家库,科研评审向年轻人倾斜,重视连续资助方式,以及特设绕开

---

① 张济洲:《美国高校科研经费分配的同行评议:本质、局限与改进——以美国国家科学基金会(NSF)资助为例》,《中国高教研究》,2011 年第 10 期。

同行评议的小额探索性研究项目等,以确保人尽其才、物尽其用。

如果从利益相关者的角度来看同行评议,则是赞助方(政府和企业)、高校和科学家各方之间,既存在着价值取向和利益上的融合,也交织着彼此间的冲突,分别代表着社会现实需求、企业利润、科研资金以及学术自主等各方面诉求。正如学者楚宾(Chubin)和哈克特(Hackett)指出,"如果政治家放弃他们引导和监督科学的责任,那么,科学与社会之间的桥梁将会被损毁。如果科学家放弃他们科学自治的主张,那么,科学家关于科学的方向与可能性评价所带来的社会收益将会丢失"①。由此可见,也正是在社会应用与知识探究的张力中,同行评议逐步走向完善。

(二)绩效评价中的量化分析——以文献计量学为例

如果说同行评议在科研项目绩效评价中发挥内行作用的话,量化分析则同时兼顾了"内行"与"外行"的作用。以量化分析最主要应用的文献计量学为例,一方面,它通过研究文献、专利申请等一系列可以量化的指标,借助引证率、重叠次数、期刊影响力、影响因子等相关术语指标概念,力图客观反映特定学科专业领域的进展,由此取得业内人士认可;另一方面,也正是借助这些可以量化并容易向社会大众普及的指标概念,让外界人士可以便捷地了解科研进展,从而发挥决策咨询作用。

楚宾(Chubin)与哈克特(Hackett)将科研项目评价中的文献计量学发展

---

① [美]达里尔·E.楚宾、爱德华·J.哈克特:《难有同行的科学——同行评议与美国科学政策》,谭文华、曾国屏译,北京大学出版社,2011年,第31页。

划分为两个阶段,一是 1961—1974 年的第一代,"文献计量学"的先驱者主要目的是"为科学提供一面镜子,去建立一种科学的科学",以开拓关于科学研究分析的新视野,在这段时期,文献计量学家可以结构性地、图形性地描绘科学研究活动的领域和水平。二是 1975 年至今的第二代,突出标志在于文献计量学自主服务于科研绩效评审,通过新的案例研究去提炼工具和主张,并在委托人资助下尝试将文献计量分析运用于嵌入研发预算和研究评价的政策决策之中。① 楚宾与哈克特将当下文献计量学的发展目标总结为"实现文献计量分析对(科研)决策所起的预见作用"。在楚宾与哈克特所划分的当下第二阶段,服务于科研绩效研究与评价的文献计量学也取得了长足发展,所开发的新的评价方法和技术,如关键词分析、共词技术等在当下业已渗透到各个科专业,成为基本的研究工具,并进一步引起科研决策者的关注,从而发挥决策咨询作用。

追溯原因,正是由于联邦政府此前颁布的相关法律为科研项目绩效评价的繁荣搭建了宏观环境,《拜杜法案》《史蒂文森·怀特勒技术创新法》将高校科研推向社会和市场,GPRA 的实施与修订又进一步促进了高校科研绩效的问责。这种背景下,以项目式管理为特色的美国高校科研获得了长足发展,科研绩效评价体系也逐步健全,分别代表定性分析和量化分析的同行评议和文献计量学均取得了长足进展,各自发挥了重要作用,成为美国科研绩效评价体系不可或缺的组成部分。

---

① [美]达里尔·E. 楚宾、爱德华·J. 哈克特:《难有同行的科学——同行评议与美国科学政策》,谭文华、曾国屏译,北京大学出版社,2011 年,第 158~159 页。

当前,在人工智能、大数据、"互联网＋"等信息技术不断更新迭代为标志的技术驱动下,无论同行评议还是量化分析都取得了进一步发展,并且利用新技术不断完善评价方式。比如同行评议已开始与量化分析相结合,并借助互联网技术,开展在线评审,全息性记录每一项评审材料,即时反馈评审结果,进一步提升了评审的客观性和评审效率,缩短了评审周期。量化分析也进一步关注绩效,将科研项目的经费、时间、设施等纳入考量,相关的指标体系和评价方法也在不断丰富,并由此形成国际趋势,对各国科研绩效评价发挥着重要的参考借鉴作用。

第三节　中美科研绩效评价的比较与思考

信息化时代,"互联网＋"、大数据和人工智能在全球得到广泛应用,将世界各国的科研评价置于同样的时代背景,各国间相互取长补短,科学研究的国际合作也日渐加强。这就需要我们在与国际接轨的同时,更要尽快完善和健全自身的绩效评价评审制度,进一步实现科研绩效评价的客观、公正与专业,从而切实促进科学研究。中美比较,就科研项目绩效评价体系而言,美国高等教育科研评价有着相对健全的制度建构、较为发达的评价体系,在国际上也发挥了突出影响。而改革开放四十余年来,我国高校科研绩效评价体系也处在不断完善和健全之中。站在新的历史起点,中美对比,应着重从立法和制度入手,完善科研绩效评价。

一、深入贯彻科研绩效评价新规定,适时推出相关立法

迄今,我国尚未制定和颁布相应的法律来促进高校科研。党的十八大以来,我国加强了科研评价方面的制度建设,通过制度建设深化科研评价改革。2015 年,中共中央办公厅、国务院办公厅联合印发了《深化科技体制改革实施方案》,提出"建立技术创新市场导向机制""构建更加高效的科研体系""改革人才培养、评价和激励机制""健全促进科技成果转化的机制""建立健全科技和金融结合机制"等建设目标,在这些目标领域,又包括了"研究制定科研机构创新绩效评价办法""完善高等学校科研体系""完善技术转移机制"等诸项具体内容。就在该实施方案颁布的同年,全国人大常委会修订通过了《中华人民共和国促进科技成果转化法》,强调下放科技成果转化处置权,让科研单位享受科研成果以及提高科研人员收益等,在《深化科技体制改革实施方案》出台后,2017 年 10 月,科技部、财政部和人力资源社会保障部联合颁布实施了《中央级科研事业单位绩效评价暂行办法》(以下简称《暂行办法》),试点先行科研项目绩效评价。

回溯我国改革开放历程,往往是地方先试先行,继而总结经验,面向全国推行。而立法则往往是在行政部门"暂行办法""实施条例"的基础上,充分汲取经验,继而推出相应的法律法规。就科研项目绩效评价而言,宜在深入实施《暂行办法》进程中,不断总结经验,研判问题,做好推广,并最终提上立法日程。以规范各方利益主体的义务、权利,明确新时期高校、政府和企业的合作关系,从而为科研绩效评价提供良好的法律环境。

二、着眼于国际前沿,深入完善同行评议制度

以美国为代表的西方发达国家已经发展出了健全、丰富的同行评议体系,背后既有联邦政府推进"大科学"的传统,亦有科研项目绩效评价的客观要求,从其传统来看,亦是对同行评议的坚守。我国自 20 世纪 80 年代就开始借鉴美国 NSF 的做法,建立并逐步完善国家科学基金委的同行评议制度,从而为高校科研项目评价做出了良好示范,改革开放的进程中,在不断解决问题的同时,也积累了丰富的经验,应及时梳理总结。随着我国深度参与全球化,国际上关于同行评议的先进做法亦会不断为我国科学界所关注和借鉴,当务之急是要结合高校"去行政化"改革,立足学术本位,让同行评议摆脱行政干预,面向全球,吸引国际知名专家充实本土的专家评审库,并及时借鉴相应的信息技术完善同行评议制度,以确保同行评议的客观、公正。

三、鼓励各学校和学科专业结合自身实际,自主探索有效的科研绩效量化评价系统

21 世纪是信息化的世纪,也是大数据的世纪。近年来,无论是在社科研究还是在科研评价领域,量化分析方兴未艾,呈现出勃勃生机。既反映出社科研究领域亟须量化的实证研究,强调翔实的证据和客观严谨的数据分析,也说明了量化分析之于科研绩效评价的不可或缺。对科研项目绩效评价来说,当前量化分析的价值,早已不再仅仅是停留在直观性的结果呈现和是否

达标层面,而是逐步延伸至科研项目执行全程,通过对科研项目的经费、设施、团队、时间投入等要素的精准分析,对科研项目计划的执行和完成情况更为全面客观的理解,进而辅助制定奖惩标准,并对科研决策发挥一定的影响;此外,量化分析也会进一步渗透到各学科专业研究,在相当程度上发挥专业研究自我监控的作用。这种形势下,量化分析只能加强,不能削弱。不同于"科层制"的行政机构,高等教育素来有"底部沉重"的组织特征,各高校定位和各学科专业的发展之间也差别迥异,因此关于科研绩效的量化分析应尽可能考虑因校制宜、因学科专业制宜,从而开发出适合高校和学科专业发展的量化评价体系。

第四章 日本高校科研项目绩效第三方评价制度

随着高等教育迈入高质量内涵式发展的新时代,高等教育机构持续发力整顿充实教育和研究活动,各国政府集智者之力探索完善高等教育评价和质量保障机制。通常来说,高等教育质量保障应通过行政机构的设置审批和认证评价机构的评价、制定课程大纲、入学选拔、教师和研究人员的培养和待遇、各种公共支援、教育和研究活动以及组织和财务运营状况相关信息的公开等所有活动来实现。其中,作为事前评价的行政机构的设置审批和作为事后评价的认证评价机构的第三方评价,肩负着"入口"和"出口"两道关卡的质量把关,确保双方职责分工的适切性和可协调性是十分重要的。

第一节　日本高校绩效第三方评价的缘起与发展

合实际、高水平的基础研究评价体系是提升经费使用效益和研究质量的关键所在,科学客观的绩效第三方评价机制对基础研究创新活动的开展起到了积极的推动作用。在我国,与行政机构的设置审批相比,高等教育领域认证评价机构的第三方评价发展相对缓慢和滞后。随着社会需求的增长,我国政府对于推进高等教育第三方评价政策是积极的、连续的,政策态度也是日益明确的。如何防范第三方评价发展面临的风险,准确预测第三方评价未来发展的方向,仍需参考和借鉴发达国家的成熟经验。日本在高等教育领域开展认证评价机构的第三方评价始于 20 世纪 90 年代,发展至今已形成较为完备的制度和体系。

一、日本高等教育第三方评价制度的缘起

1982 年,中曾根康弘就任日本第 28 任首相。1984 年,中曾根设立首相直辖教育改革咨询机构——临时教育审议会(1984—1987)(简称"临教审"),聘请教育界、经济界以及舆论界中赞同改革主张的权威人士担任临教

审的委员,统筹规划面向 21 世纪教育改革和发展的蓝图。① 临教审向首相提交的咨询报告中痛陈中央集权型教育行政的诸多弊端,建议放松国家对公共教育的管控力度,把市场机制引入高等教育领域,并推而广之。此后,桥本内阁、小渊内阁、小泉内阁等基本沿袭了临教审的教育改革构想,将"掌舵"与"划桨"两种责权分离,将微观管理领域放手给市场,从"规制缓和"和引入市场逻辑两方面着手推动大学变革,高等教育政策中的"市场化"色彩日趋浓重。所谓"规制缓和",换言之就是"去行政化"。即以市场力量逐步取代政府行政职能,以市场力量为主、政府作用为辅"倒逼"高等教育改革和发展,使其能快捷地应对国际教育市场上日趋激烈的竞争,规避风险。与此同时,在政府公共财政资助范围逐步紧缩和大学面临自主经营、自负盈亏的背景下,保留政府"掌舵者"的角色,在高等教育领域引入第三方评价制度,把大学运营实绩评价结果与财政拨款挂钩,利用经济手段间接影响大学教育研究运营,实现政府对大学的监管。

　　20 世纪 90 年代末至 21 世纪初,大学审议会(1987—2000)在《关于高等教育更进一步的改善》(1997)、《二十一世纪的大学与今后的改革对策——在竞争环境中闪耀个性的大学》(1998)咨询报告中均提出由政府创设第三方评价机构,开展"客观"兼"多元"的评价活动的建议。2001 年 6 月,文部科学省在《大学(国立大学)结构改革方针》中提出引入竞争原理,实施第三方评价的改革方针。2002 年 7 月,中央教育审议会在《关于构建大学质量保

---

　　① ［日］黒沢惟昭:「大学の個性化と総合化—公正な競争とコンソーシアム構想—」,「長野大学紀要」,2010,(12):47 - 61.

障新制度》咨询报告中,提出重新评价设置认可和引入第三方评价制度并使之义务化的建议。报告把日本现有大学评价机构和大学基准协会的部分职能等同于"第三方评价",认为有必要构建既有评价机构的新评价体系,国公私立大学均应成为"经国家批准设立"的第三方评价机构的评价对象。①2002 年 10 月,日本国会增修《学校教育法》(2002,法律第 118 号)第六十九条第三至六项,将原本处于政府主导下的大学评价制度以"认证评价"的方式进一步"强制化"与"合法化"。其中,第三项是规范大学自我评价和第三方评价的主要法律依据。如此一来,《学校教育法》就将大学评价事项提升到法律层面,把第三方评价及其评价结果的公开视为各大学必须履行的义务之一,并使之制度化、规范化,懈怠评价视为违法行为。

此外,日本政府在《第二期科学技术基本计划》(2001—2005)的第三章"科学技术基本计划实施过程中综合科学技术会议之使命"中还做出过如下规定:"为提高政府资金的有效利用,对于有政策目的的项目或课题,须经由第三方评价机构实施外部评价。"②2004 年,文部科学省正式在高等教育领域引入第三方评价制度。由独立于政府教育行政机构及高校之外的第三方认证评价机构对大学的教育、研究活动、社会服务等不同领域进行考核和评价,把评价结果与国家高校资源配置挂钩,以差异化竞争助推大学质量提升。

---

① 文部科学省:中央教育審議会「大学の質の保証に係る新たなシステムの構築について(答申)」,http://www.mext.go.jp/b_menu/shingi/chukyo/chukyo0/toushin/020801.htm/2021 – 03 – 10.
② 内閣府科学技術政策:「第 2 期科学技術基本計画」,http://www8.cao.go.jp/cstp/kihonkeikaku/honbun.html/2021 – 03 – 10.

二、日本高等教育第三方评价的目的与类型

一般来说,高等教育评价中的第三方评价主要有两大目的,一是提高大学教育与研究水平和质量,实现大学的教育目的和社会责任;二是为有效进行教育投资或资源重点配置提供客观依据,解决教育资源浪费,提高教育经费使用效益。随着新自由主义教育改革的推进,在强化评价保障高等教育质量功能的同时,日本政府也开始重视评价的第二重功能,即将评价结果与财政拨款"挂钩",引入竞争机制,加大竞争性经费投入,以期提高高等教育的办学质量和效益,弥补由公共财政拨款逐渐减少导致教育经费短缺的窘况。同时,还全面推进大学信息公开,督促大学向社会发布第三方评价结果、财务状况、教育科研等信息,提高大学透明度。

日本高等教育第三方评价包括两种类型:认证评价和法人评价。前者为"事前管理""入口控制",体现了文部科学省对大学的间接干预和管理;后者为"事后审查""出口成果评价",具有很强政府直接干预和管理的特征,但第三方评价机构的介入,对政府行政干预行为起到了有效的约束和控制作用。

在现行日本高等教育评价制度下,大学除每年需对本校教育研究、组织与运营以及设施设备等状况进行自我检查、自我评价外,还被赋予了每七年必须接受认证评价机构的认证评价义务。认证评价分为各机构评价和各领域评价。前者以所有大学为评价对象,每隔七年,对各大学整体教育研究活动等综合状况进行评价;后者以专业学位研究生院为评价对象,每隔五年,

对其教育课程、教师组织、教育研究活动状况等进行评价。对于独立行政法人化后的国立大学而言,除接受上述认证评价外,还需接受来自国立大学法人评价委员会的法人评价。区别于认证评价机构,国立大学法人评价委员会由文部科学省设立,两者存在行政隶属关系,主要针对国立大学法人提交的年度运营实绩和中期目标的实施情况进行审查与评价。

在国立大学法人接受政府拨付的运营费交付金等办学经费补助的前提下,法人评价与认证评价最大的区别就在于法人评价以"问责"为主要目的。无论是认证评价,还是法人评价,一旦出现评价结果不合格的情况下,文部科学大臣可下达要求改善甚至废止该机构的命令。随着第三方评价活动的开展与实施,虽然文部科学省对大学管理由"掌控"转为"遥控",但是从保障大学教育质量的角度来看,国家强制性的倾向却益发明显。

三、日本高等教育第三方评价制度的运行机制

(一)第三方评价的实施机构

日本第三方认证评价机构一般须具有独立行政法人资格,依据《学校教育法》《学校教育法施行令》《大学设置审查基准要项细则》等法律法规制定评价标准、建立评价机制及确定评价结果,待文部科学大臣审批核准后方能具备第三方评价资质。第三方评价机构实施的评价活动结束后,要及时向大学反馈评价结果,向文部科学大臣递交评价报告,以及向社会公布评价信息。评价机构如要变更评价标准和方法,须在文部科学大臣处备案。

目前,获得文部科学大臣批准的、以高等教育领域为评价对象的日本第三方认证评价制度的代表性实施机构包括:公益财团法人大学基准协会、独立行政法人大学改革支援与学位授予机构、公益财团法人日本高等教育评价机构、独立行政法人日本学术振兴会、一般财团法人大学短期大学基准协会、公益财团法人日本律师联合法务研究财团等。由上述评价机构实施的评价中,既有以提升大学教育研究质量为目标的评价,也有把评价结果与政府财政资源配置相挂钩的评价。在多元评价体系下,多个评价机构可以根据各自的评价标准,对大学等高等教育机构实施目的、形式、评价内容多种多样的评价活动。基于多个评价机构独立、客观评价的基础上,政府各资源分配机构可以进行合理、高效的资源配置,促使大学等高等教育机构在相对公平的竞争中实现优胜劣汰,确保人才培养规格,提升学术研究质量。

(二)第三方评价的评价基准

第三方评价的实施涉及文部科学省、认证评价机构、大学等高等教育机构三方。同一法律关系之下的三方,相互作用又相互制约,权利和义务各不相同。文部科学省具有国家法律赋予的认证评价机构审批权。认证评价机构既具有对大学等高等教育机构实施评价的权利,又有着出于评价透明性、公开性、公正性的考量向文部科学省和大学通报评价结果的义务。大学等高等教育机构既具有定期接受认证评价或法人评价以及配合完成评价的义务,又具有选择认证评价机构的权利和评价实施过程中的知情权等。①

---

① 张爱:《日本大学第三者评价的运行机制》,《比较教育研究》,2006 年第 4 期。

第三方认证评价机构的评价基准是依据《学校教育法》和文部科学省的相关要求制定的。第三方评价机构的服务对象是不同类型、不同层次的大学,故而每家机构的评价侧重点和评价标准不尽相同。独立行政法人大学改革支援与学位授予机构的大学评价基准由教育研究基本组织、内部质量保证、财务与管理运营及信息公开、设施设备及学生支援、接收学生情况、教育课程与学习成果六大领域 27 项基准构成。① 公益财团法人日本高等教育评价机构的大学评价基准则是由使命与目的、学生、教育课程、教职员、运营管理与财务、内部质量保障六大基准构成,其中,内部质量保障被设为评价重点款项。除六大一般基准外,机构还就大学个性化、特色化领域制定了特殊基准等。②

(三)第三方评价的实施方法

经文部科学大臣认证合格的认证评价机构,严格遵照《学校教育法》《国立大学法人法》等相关法条,依据经由文部科学省审定的评价基准对大学实施评价,评价结束后及时向大学反馈评价结果,向文部科学大臣提交、向社会发布评价报告。在实施过程③中,认证评价机构如需变更评价基准或评价

---

① 独立行政法人大学改革支援・学位授与機構:「大学機関別認証評価実施大綱」(令和 2 年 3 月改訂),https://www.niad.ac.jp/media/006/202006/no6_1_1_daigakutaikouR2.pdf.2021 - 03 - 15.

② 公益財団法人日本高等教育評価機構:「大学機関別認証評価実施大綱」(令和 2 年 4 月 1 日施行),https://www.jihee.or.jp/achievement/college/pdf/jisshitaiko200401.pdf.2021 - 03 - 15.

③ 实施过程包括三个阶段:事前评价主要针对研究计划的必要性、有效性和妥当性进行评价,其结果关系到公开招标课题的入选与否或直接反映到预算申请的结果上;中期评价主要针对评价研究活动的进展状况进行评价,其结果关系到研究的继续、改善或终止;事后评价主要针对研究达成度及研究成果对社会经济作出的贡献等进行评价,其结果关系到研究活动的发展,也可作为未来研究活动的事前评价业绩使用。

方法,必须向文部科学大臣提交说明文件。根据文部科学省细则规定,评价方法应包括大学的自我评价、评价结果分析以及对大学教育研究活动综合情况进行的实地访问调查。

以独立行政法人大学改革支援与学位授予机构实施的不同类型大学认证评价为例,其实施的不同类型大学认证评价分为大学的自我评价和评价机构的第三方评价两大部分。大学的自我评价须遵循《自我评价实施要点》填写自我评价报告,准备证明材料和数据等。自我评价报告内容应涵盖大学的目标定位、教育教学、科研活动、师资队伍、招生情况、内部质量保障、财务运营管理、教育信息公开等总体情况,并一一对照评价基准、自行判断以上诸方面是否满足了基准要求。评价机构的第三方评价分书面调查和实地访问调查两阶段进行。首先,书面调查是基于《评价实施说明书》,对各大学提交的自我评价报告及附件材料等和评价机构调查收集的资料数据等进行对比分析。其次,实地访问调查则是基于《访问调查实施要点》,以书面调查不能确认的事项以及与大学相关人员的座谈为重心开展实施,其目的是为了补充完善书面调查的分析。最后,基于前期调查的基础上完成评价结果初稿,并提交评价委员会进行审议后定稿。评价结果一般分为满足评价基准和不满足评价基准。在最终确定评价结果之前,评价委员会先将结果通知接受评价的大学。大学如对评价结果持有异议,可向评价委员会下设审查会提请申诉。而后,评价委员会根据审查会审议结果,进行重新讨论和判断,最终确定评价结果。被判定为不满足评价基准的大学,可遵照评价机构的其他手续,在评价实施后的第二年、第三年接受追加评价。①

四、日本高等教育第三方评价制度的特点

(一)评价机构的相对独立性

评价机构的独立性是评价结果客观性、公正性的重要保障。日本高等教育第三方认证评价机构普遍实施自主管理,虽由政府主导建立,但与政府机构之间不存在隶属关系,通常被视为介于政府和社会团体之间的"准"政府机构。第三方评价机构与文部科学省之间通过"契约",即 3~5 年的中期目标及计划来履行各自的职责,发挥各自职能。文部科学省通过政策评价和行政监管,加强了制定政策以及监管的职能,而第三方认证评价机构的职能则是重在提高执行力和落实力。文部科学省对第三方认证评价机构的管理与控制由直接领导转变为通过"签订契约"的形式以及"事后评价"来实现。以独立行政法人日本学术振兴会为例,其主要职能是履行契约,完成中期计划;而负责审查的文部科学大臣则根据《独立行政法人日本学术振兴会法》对其工作提出意见和建议。相较于以往文部科学省对日本学术振兴会直接干预、过度干预的集权式管理模式,法人化改革后,文部科学省仅承担为独立行政法人日本学术振兴会提供科研经费和审查其中期目标是否达成的职责,其余事项则交由学术振兴会全权处理和负责。

---

① 公益財団法人日本高等教育評価機構:「大学機関別認証評価実施大綱」(令和 2 年 4 月 1 日施行),https://www.jihee.or.jp/achievement/college/pdf/jisshitaiko200401.pdf.2021 – 03 – 15.

(二)评价人员的专业性和权威性

第三方认证评价机构人员构成的多样化及评价人员的专业素质是影响评价质量和评价结果专业性、权威性、公平性及合理性的重要人为因素。例如,独立行政法人大学改革支援与学位授予机构针对不同的评价对象,在其内部设置了相对应的评价委员会。其中,国立大学教育研究评价委员会是依据《国立大学法人法》第三十一条第三款第一项的规定,接受国立大学法人评价委员会的申请,承担国立大学法人及大学共同利用机构法人评价业务的组织。该委员会由大学校长及教师、大学共同利用机构最高负责人及其职员中专门从事研究与教育者联合社会、经济、文化等领域的学识之士等组成,人员限额 30 人。委员会现任委员共 14 人,人员构成多元,包括 5 名大学校长,4 名大学教授,1 名研究机构最高负责人,1 名国外大学日本事务所代表,1 名私立学校理事,1 名企业监事,1 名教育新闻记者。多样化的团队可以互相弥补不同领域的认知盲区和短板。[1] 此外,为确保评价人员能从客观立场做出专业判断,从而取得公信度高的评价结果,机构会从评价目的、内容及方法等方面对评价人员进行严格培训。

---

① 独立行政法人大学改革支援・学位授与機構:「国立大学教育研究評価委員会」http://www.niad.ac.jp/about/conference/evaluation_conference/kokuritu/2021 - 03 - 15.

第二节　日本科研费(KAKENHI)绩效

第三方评价机制研究

　　科技创新是现代经济社会发展与变革的主要驱动力,是一国综合国力的战略支撑。随着全球科技竞争、大国科技战的日趋白热化,世界主要国家科技研发投入持续保持增长态势。同时,为提高财政科技投入资金的使用效率,各国政府普遍采用竞争性经费配置手段,增加竞争性经费份额,并辅以科研绩效评价保障原创性科研成果产出。科研费(KAKENHI),又称科学研究费助成事业,是日本最大规模的竞争性资金制度,约占政府全部竞争性资金总量的50%以上。科研费由科学研究费补助金和学术研究助成基金助成金构成,资助范围覆盖人文社科和自科领域所有具有独创性和超前性基础研究和应用研究。科研费的管理主体是独立行政法人日本学术振兴会(JSPS)。科研费资助项目经过日本学术振兴会独立、客观的事前评价、研究进展评价、中期评价和追踪评价,科研费得以进行合理、高效的资源配置,从而达到提升学术研究质量和优化竞争性研究经费管理效率的"双赢"目的。

　　在我国,科研经费绩效第三方评价发展相对缓慢和滞后。随着社会需求的增长,我国政府对于推进竞争性科研经费绩效第三方评价政策是积极的、连续的,政策态度也是日益明确的。如何防范科研投入绩效第三方评价发展面临的风险,准确预测未来发展的方向,仍需参考和借鉴发达国家的成熟经验。日本在科研费管理领域开展绩效第三方评价始于21世纪初,发展至今已形成较为完备的评价机制和体系。研究、学习和汲取日本的做法、经验和教训,对于我国高校科研项目经费投入资源的优化和合理配置,形成良性教育生态将大有裨益。

一、日本竞争性研究经费与科研费(KAKENHI)

20世纪90年代,随着追随型科技创新隐患与弊端逐步凸显,日本前瞻性基础研究水平滞后、自主研发能力显现后继乏力疲态,重“技”轻“科”的科学发展战略走向穷途。为此,日本政府摒弃科研活动中“拿来主义”的短视思维,开始重视基础研究积累和创造性贡献,以“科学技术创造立国”取代“科学技术立国”,把科技创新作为满足知识经济时代要求的国家首要选择和核心动力。1995年底,日本国会全会一致表决通过了《科学技术基本法》。该法被视为日本全面推进“科学技术创造立国”重大国策的根本大法,构建了科学技术政策的基本理念与框架。依据该法,日本政府制定了科技领域的纲领性文件——《科学技术基本计划》。该计划系科技发展规划,每5年为一期,政府根据社会发展需求部署每期计划的重点发展方向和推进举措,持续提升政策的稳定性、系统性和延续性。

面对全球科技竞争激化的“外忧”和国内经济低迷、财政吃紧的“内患”,日本政府意图通过压缩中央财政基础性研究经费支出,扩大竞争性研究经费的投入规模来为充分调动科研人员的积极性,营造有利于原创性成果产生的科研环境。截至目前,日本政府共制定并实施了第一期(1996—2000年度)、第二期(2001—2005年度)、第三期(2006—2010年度)、第四期(2011—

2015 年度）、第五期（2016—2020 年度）。2020 年,日本国会通过了由内阁府直辖机构——综合科学技术创新会议修订的《科学技术基本法》修正草案,将其更名为《科学技术创新基本法》,将第六期基本计划（2021—2025 年度）更名为"科学技术创新基本计划"。《第六期科学技术创新基本计划》以"只涉及人文科学的科学技术"为振兴对象,具体内容尚在征求意见过程中。

《第一期科学技术基本计划》（1996—2000 年度）提出构建社会积极参与的多元化投入机制,重点扩充公募型竞争性研究经费。《第二期科学技术基本计划》（2001—2005 年度）把资源倾斜性配置、提高研发投入效率作为科技振兴的基本方略之一,着力提高研发投入的针对性、有效性和透明度,力争实现竞争性研究经费 5 年内倍增目标。《第三期科学技术基本计划》（2006—2010 年度）提出逐步减少大学经常性经费投入,大幅提高竞争性研究经费的比重。《第四期科学技术基本计划》（2011—2015 年度）提出改革完善竞争性研究经费制度,强化研究经费监管,保障研究经费高效合理使用。《第五期科学技术基本计划》（2016—2020 年度）提出改革完善基础性研究经费和竞争性研究经费协调投入机制,确保经费投入得到均衡化、合理化配置。[①] 1995 年竞争性经费预算额 1248 亿元（占科学技术相关预算的 5%）,2006 年度预算为 4701 亿元（占科学技术相关预算的 13%）,比 1995

---

① 内阁府:「科学技術基本計画及び科学技術・イノベーション基本計画」,https://www8.cao.go.jp/cstp/kihonkeikaku/index.html.2021 – 03 – 26.

年增长 3.8 倍。① 2019 年度预算为 4366 亿元,投入增长持续高位运行。②

　　日本科研费的前身是创设于 1918 年的"科学奖励金",迄今已有 100 余年历史。作为支撑日本学术研究的唯一竞争性资金,在推进大学等研究机关的学术研究方面承担着不可或缺的重要作用。科研费主要面向国、公、私立大学和文部科学大臣认定的研究机构公开申报,即可以以集体的名义申报,也可以以个人名义申报。研究人员可根据自身科研项目的学科性质,自由申报不同类型的科研费资助项目,获批后即可获得不同金额的科研费资助。从设置类型和组织主体上,可以把日本科学技术研究机构分为"官""产""学"三大系统。"官"和"产"主要从事满足社会经济发展急需的应用性研究,"学"主要从事"探究真理"的基础性研究,兼顾应用性研究和开发研究。日本科学研究管理开发体制属于"民间主导型",绝大部分科研活动由产业部门承担,大学并非开展科研活动的"主战场"。并且,日本政府在技术研发过程中的政策重心和财政投入一味向短期内能够获取巨大经济效益的科研领域倾斜,对于探索性、前瞻性和原创性的基础研究领域的财政资金投入力度不足,带有浓厚的功利主义和实用主义色彩。科研费在日本中央财政年度预算中所占比重亦是长期在低位徘徊。2001 年,文部科学省出台《大学(国立大学)结构改革方针》,对大学研究经费进行了结构性调整,在原有基础性研究经费(如国立大学的"运营费交付金"和私立大学的"日常经费补

---

　　①　田中久德:「競争的研究資金制度―不正防止対策と審査制度の拡充を中心に―」,https://dl. ndl. go. jp/view/download/digidepo_1000633_po_0555. pdf? contentNo = 1. 2021 – 03 – 28.

　　②　文部科学省:「令和 2 年版科学技術白書本文―第 4 章科学技術イノベーションの基盤的な力の強化」, https://www. mext. go. jp/component/b _ menu/other/_ icsFiles/afieldfile/2020/06/15/1427221_017. pdf. 2021 – 03 – 28.

助金")的基础上,增加了竞争性研究经费"科研费"投入比重,对科研成效显著、社会评价良好的大学实行财政拨款政策倾斜,在公共财政投入和科学研究费补助金上优先保障。

二、科研费制度实施情况

在日本科学技术与学术振兴方略中,科研费依据经费类型可分为基础性经费(如国立大学的运营费交付金等)和竞争性经费(如采取公募、评审等公开竞争方式择优立项等);依据研究类型可分为研究者自由探索性学术研究(curiosity – driven research)和政策应用型研究开发(mission – oriented research)。[①]

截至 2020 年 9 月,科研费的研究项目类型包括:特别推进研究、新学术领域研究、学术变革领域研究、基础研究、探索性研究、青年研究、研究活动启动支援、奖励研究、特别研究促进费、研究成果公开促进费、特别研究员奖励费、国际联合研究加速基金等十二大类。其中,构成科研费资助种类体系的核心与基础是:

(1)特别推进研究指由 1 人或较少人数开展的开拓学术新领域,把握学科最前沿,具备国际顶尖水平的研究,项目期限为 3—5 年(特殊情况可延长至 7 年),资助资金为 2 亿—5 亿日元(特殊情况可超过 5 亿日元)。

---

① 日本学術振興会:「科学研究費助成事業 令和 2(2020)年—科研費パンフレット 2020」,ht-tp://www.jsps.go.jp/j – grantsinaid/24_pamph/index.html/2021 – 03 – 31.

（2）新学术领域研究指通过多元化研究团队集中式联合研究或培养研究人才,发掘新学术领域的研究,项目期限为 5 年,原则上每个领域年度资助为 1000 万—3 亿日元。

（3）学术变革领域研究系 2020 年以公募形式新创设的项目类型,包括 A 类和 B 类。前者是经由多元化研究人员共创融合的研究领域,旨在引领学术体制变革,提升学术水平,追求学术卓越。研究期限为 5 年,每个研究领域年度资助 5000 万—3 亿日元(特殊情况可超过 3 亿日元)。后者是由次时代学术带头人组成的 3—4 人研究团队申报的、富有探索性和萌芽性质的研究领域。研究期限为 3 年,每个研究领域年度资助 5000 万日元以内。

（4）基础研究根据项目期限和研究经费预算额度,被进一步细分为 S、A、B、C 四类。S 类研究是由 1 人或较少人数的研究人员开展的具有独创性和超前性研究,项目期限为 5 年,资助资金为 5000 万—2 亿日元。A、B、C 类均为由 1 人或多人研究者联合开展的具有独创性和超前性研究,项目期限均为 3—5 年,资助资金依次为 2000 万—5000 万日元、500 万—2000 万日元、500 万日元以内。

（5）探索性研究包括开拓研究和萌芽研究。前者致力于挑战飞跃发展富有潜力的研究,项目期限为 3—6 年,资助资金为 500 万—2000 万日元;后者致力于探索性较强或处于萌芽期的研究,项目期限为 2—3 年,资助资金为 500 万日元以内。

（6）青年研究是获得博士学位未满 8 年的青年学者独立开展的研究。项目期限为 2—5 年,资助资金为 500 万日元以内。该项目可申报两次。第二次申报青年研究项目时允许同时申报基础研究中的 S、A、B 类项目。

(7)研究活动启动支援是研究机构新进研究人员及休完产假等重回工作岗位的研究人员独立开展的研究。项目期限为 1—2 年,年度资助 150 万日元以内。

(8)奖励研究指在教育与研究机构和企业等所属人员中,致力于学术振兴研究的研究人员独立开展的研究。项目期限为 1 年,资助资金为 10 万—100 万日元。[①]

科研费年度预算编制纳入"科学技术基本计划"预算管理中。如图 4 - 1 所示,在第一期、第二期基本计划期间实现了大幅增长,第三期期间日本经济遭遇国际金融危机重创,陷入二战之后最严重衰退,但科研费仍呈现出缓慢增长的趋势。第四期 2011 年启动的对科研费实行了基金化管理,科研费增长明显,增幅约 31.7%。而后,因受东日本大地震等因素的影响,2012—2015 年间科研费总体投入连续下降,2016 年起虽逆势上扬,但增速缓慢。截至第五期基本计划收官的 2020 年,科研费预算额为 2374 亿日元,同期增长 2 亿日元。[②]

---

①② 日本学術振興会:「科学研究費助成事業 令和 2(2020)年—科研費パンフレット 2020」,http://www.jsps.go.jp/j - grantsinaid/24_pamph/index.html/2021 - 03 - 31.

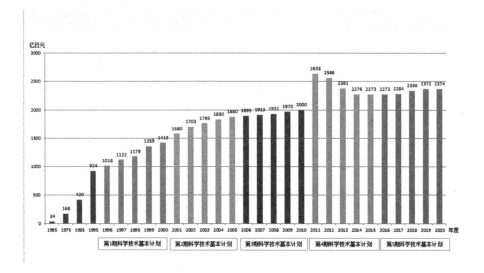

图 4 - 1　1965—2020 年度科研费项目资助金额变化趋势图
（数据来源：日本学术振兴会）

　　自 1996 以来,科研费项目年度申报总数除 2011 年度稍有回调外,基本呈逐年增长态势,至 2018 年度达到峰值 103672 项,2019 年度略有回落,为自 2012 年度以来的首次下降。年度立项总数自 2011 年度实施了提高项目申报通过率的改善措施后,得到稳步提升。2019 年度核准立项项目为 28892项,新立项项目与在研项目共计 78650 项。项目申报通过率十余年来一直稳定保持在 20% 以上,2019 年度达到 28.4%。[①]

---

　　①　日本学術振興会:「科学研究費助成事業 令和 2(2020)年—科研費パンフレット2020」,ht-tp://www.jsps.go.jp/j - grantsinaid/24_pamph/index.html/2021 - 03 - 31.

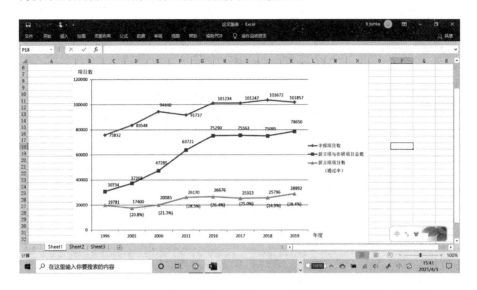

图4-2　1996—2019年度科研费项目申报、立项数量与项目通过率变化趋势图
（数据来源：日本学术振兴会）

2020年度科研费项目申报共计94610项，获批立项27247项，项目通过率28.8%。其中，国立大学申报42903项，获批13674项；公立大学申报7813项，获批2172项；私立大学申报32558项，获批8259项；其他（短期大学、高等专门学校、大学共同利用机构法人、国公立实验研究机构、特殊法人与独立行政法人等、一般社团法人与一般财团法人、企业等研究所）申报11336项，获批3142项。新立项项目研究经费约589亿日元，其中国立大学350亿日元，占60%；公立大学36亿日元，占6%；私立大学128亿日元，占22%；其他74亿日元，占13%。①

―――――――――

①　日本学術振興会：「令和2(2020)年度科研費等の審査に係る総括について」，http://www.jsps. go. jp/j－grantsinaid/01_seido/03_shinsa/data/r02/R2_shinsa_soukatsu. pdf/2021－03－31.

三、日本科研费管理与评价主体

作为科研费管理主体与绩效第三方评价机构,独立行政法人日本学术振兴会(Japan Society for the Promotion of Science,JSPS)的前身是设立于1932年的财团法人日本学术振兴会。其以振兴日本学术研究为己任,在资助学术出版及学术研究发展方面发挥了举足轻重的作用。自1999年起,文部省将科学研究费补助金事业中的基础科学研究领域移交日本学术振兴会管理,旨在强化和提升其地位和功能,使其业务范围从高级研究人才培养扩展到高水平研究项目以及世界顶尖教育研究基地的评价与资助。2003年,依据《独立行政法人日本学术振兴会法》,日本学术振兴会"变身"成为受文部科学省管辖的独立行政法人机构(Incorporated Administrative Agency,IAA)。评价对象为国立、公立、私立大学的自然科学和社会科学研究活动。

评价机构的独立性是评价结果客观性、公正性的重要保障。法人化改革前,日本学术振兴会代表政府提供公共服务,缺乏自主权,万事"听命"于上级主管部门——文部科学省。法人化改革后,日本学术振兴会实施自主管理,虽由政府主导建立,机构运营经费来自政府财政拨款,但与文部科学省之间不存在隶属关系,不执行行政职能,两者之间通过"契约",即3~5年的中期目标及计划来履行各自的职责,发挥各自职能。简言之,独立行政法人日本学术振兴会是具有高度自主和独立性的、介于政府和社会团体之间的"准"政府组织,其对大学的评价是基于学术的角度而非行政的角度。

科研费分配审查基本原则的政策依据是文部科学省咨询机构——科学

技术与学术审议会通过的"独立行政法人日本学术振兴会实施科学研究费助成事业审查的基本考量"。日本学术振兴会组建了"科学研究费委员会"和"学术系统研究中心",前者制定了"科学研究费助成事业审查与评价章程",负责评审细则的制定、项目审查及监督评价项目实施效果等相关事务。后者负责专业审查委员的选拔。委员会根据项目类别设置了12个部会进行各研究大类项目科研费的分配与管理,12个部会下面又分设了1235个运营小委员会负责不同学科领域方向的同行评议(Peer Review)等具体事务。例如,审查与评价第一部会负责特别推进研究与国际联合研究加速基金归国发展研究领域科研费的分配与评价考核,其下设的运营小委员会又根据学科类别进一步细分为人文社科类小委员会、理工类小委员会和生物类小委员会共计3个小委员会。①

　　第三方评价机构人员构成的专业性、权威性以及多样性是影响评价质量和评价结果专业性、权威性、公平性及合理性的重要人为因素。科研费的同行评议评价体系早在1968年就初具雏形。科学研究费委员会现由委员及7815名(2020年度数据)专业审查委员组成。专业审查委员隶属于各运营小委员会,主要由日本国立、公立、私立大学教授与附属研究机构负责人、企业研究机构负责人与研究人员组成,人数基本控制在6~10人,任期最长为3年。2004年以来,专业审查委员由学术系统研究中心研究员根据审查委员候选者数据库提出委员候选人初步人选建议方案,交由日本学术振兴会最

---

　　① 日本学術振興会:「科学研究費委員会組織図(令和2年12月14日改正)」,http://www. jsps. go. jp/j－grantsinaid/01_seido/03_shinsa/data/h31/R1_shinsa_soshikizu. pdf/2021－03－31.

终确定入选人员。在此之前,专业审查委员的人选推荐渠道单一,都是由日本学术会议单方面推荐决定的。2019 年度,审查委员候选者数据库登录人数约有 12.6 万人,比 2004 年启用伊始增加 11.8 万人,增幅达 94.1%。① 评价主体的多元化和多样性可以互相弥补不同领域的认知盲区和短板,提高评价结果的客观性与公正性。此外,为确保评价人员能从客观立场做出专业判断,从而取得公信度高的评价结果,日本学术振兴会还从审查评价目的、内容及方法等方面对专业审查委员进行了严格培训。②

在信息公开方面,为便于研究者和一般民众熟悉和了解既往研究成果,日本学术振兴会在国立情报学研究所主页内设置了"科学研究费助成事业数据库(KAKEN)"链接。该数据库收录了研究立项数据(采纳课题)、研究成果概要(含研究实施状况报告书、研究实绩报告书、研究成果报告书概要)、研究成果报告书以及自我评价报告书等日本所有学科领域的最新研究信息。通过该数据库检索,既可以查阅自 1965 年以来的立项项目信息,如项目负责人相关信息、研究课题名称、经费配置额度、研究年限、研究概要等,也可以查阅自 1985 年以来的研究实绩报告书概要。

四、日本科研费绩效第三方评价机制

据日本学术振兴会(JSPS)制定的"科学研究费助成事业审查与评价章

---

① 日本学术振兴会:「科学研究費助成事業 令和 2(2020)年—科研費パンフレット 2020」,ht-tp://www.jsps.go.jp/j – grantsinaid/24_pamph/index.html/2021 – 03 – 31.
② 日本学术振兴会:「審査委員名簿—平成 30(2018)年度科学研究費委員会組織図」,http://www.jsps.go.jp/j – grantsinaid/01_seido/03_shinsa/shinsa_meibo/30.html/2021 – 03 – 31.

程"显示,日本科研费绩效第三方评价包括事前评价的审查、研究进展评价、中期评价、追踪评价。此外,章程还规定了保密原则、学术规范与学术论理、回避原则、评价结果的公布等。

(一)事前评价的审查

事前评价阶段的审查包括综合审查与两段式书面审查。综合审查是由审查委员全员针对全部研究课题申报书进行书面审查后,从不同角度展开讨论进行合议审查。而对于特别推进研究及基础研究 S 类项目的补助金分配,还需要举行听证审查。两阶段书面审查是由审查委员分两阶段对各研究课题申报书开展书面审查。评价方法包括书面评价、合议评价、听证评价和实地调查评价。① 科研费各研究类别事前评价阶段的评价基准不尽相同。以 2021 年度基础研究 S 类项目书面审查的评价基准为例,主要包括以下三大基本要素:①研究课题之学术的重要性。从学术性来看,是否是值得推进的重要研究课题? 构成研究课题核心的学术性问题是否具有独创性和创新性? 研究计划缘起、国内外研究动向及研究定位是否明确? 通过本课题研究能够产生广泛的学术、科学技术或社会领域的波及效果? ②研究方法的适当性。为达成研究目的的研究方法及准备情况是否具体且适切? ③研究执行能力及研究环境的适切性。从既往研究活动来看,是否具有充分的研究计划执行能力? 研究计划执行所必需的研究设施、设备、研究资料、研究

---

① 日本学術振興会:「科学研究費助成事業における審査及び評価に関する規程(令和 2 年 12 月 14 日改正)」,http://www.jsps.go.jp/j - grantsinaid/01_seido/03_shinsa/data/r02/hyoukakitei2012.pdf/2021 - 03 - 31.

环境等是否完备？此外,研究经费的适切性与必要性也属于评价要点之一。依据评价基准,审查委员会给出 S、A、B、C 共 4 个评分等级。S 级是应最优先采纳的项目,占 10%;A 级是应积极采纳的项目,占 10%;B 级是可采纳的项目,占 10%;C 级是达不到 S—B 级的项目,占 70%。基础项目 S 类项目的申报难度长期以来稳居科研费各类项目之首,这一点从项目通过率可以体现出来。以 2020 年度科研费新立项项目通过率为例,基础研究 S 类项目 11.7%,A 类项目 24.3%,B 类项目 27.8%,C 类项目 28.4%,青年研究项目 40.1%。①

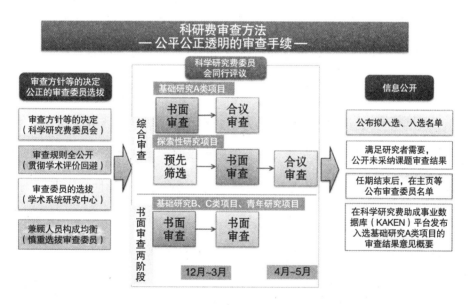

图 4 - 3　日本科研费(KAKENHI)审查机制示意图(参照日本学术振兴会资料绘制)

---

① 日本学術振興会:「審査における評定基準等(令和 3(2021)年度)—基盤研究(S)の書面審査における評定基準等」,http://www.jsps.go.jp/j - grantsinaid/01 _ seido/03 _ shinsa/data/r03/r3hyouter01_ja_s.pdf/2021 - 03 - 31.

(二)研究进展评价

随着 2009 年研究进展评价的引入与实施,原有事后评价于 2010 年被废止。研究进展评价包括听证审查、实地调查和验证评价,主要针对特别推进研究和基础研究 S 类大型研究类别项目。一般情况下,听证审查在项目到期前一年度举行。实地调查的时期则由各运营小委员会自行决定。在项目到期的翌年,围绕是否达成既定研究目标对研究成果进行验证评价。研究进展评价的评价基准与评分等级与事前评价书面审查阶段一致。听证审查时长约 30 分钟,基本流程是项目负责人介绍研究进展情况(10 分钟),质疑问答(15 分钟),记录审议及听证结果(5 分钟)。2020 年度受日本国内新冠肺炎疫情感染扩散影响,听证审查采用线上会议形式替代原有线下会议。①

研究进展评价实施的目的:一是由审查委员对项目进展情况做出客观判断,二是督促项目负责人在之后新课题申报时把本次研究进展评价结果添附在研究计划中,以此作为审查两项研究间关联性与延续性的凭据,对于优秀研究课题审查委员会可提供持续的资金支持。对于评价对象的课题负责人来说,研究进展评价中既记载了研究成果的独到之处,又包括研究课题的不足及需要重新审视之处,可作为申报新课题填写研究计划书时值得借鉴的专业审查意见。在 2020 年度的研究课题申报中,2018 年度及 2019 年度接受过研究进展评价的 201 人课题负责人共计提交 166 项申请,最终获批

---

① 日本学術振興会:「令和 2(2020)年度科研費等の審査に係る総括について」,http://www.jsps.go.jp/j-grantsinaid/01_seido/03_shinsa/data/r02/R2_shinsa_soukatsu.pdf/2021-03-31.

63 项。由此可见,研究进展评价有效提升了项目通过率。研究进展评价完
成后,各部会下属运营小委员会根据研究课题具体情况给出 5 个评分等级,
由高至低依次为:A +、A、A -、B、C。A + 级"研究进度超过既定目标,预计
能取得超预期研究成果"。A 级"研究按既定目标顺利推进,预计能取得预
期研究成果"。A - 级"研究大体按既定目标顺利推进,预计能取得一定成
果,但部分成果产出可能延迟,需要今后努力"。B 级"与既定目标相比,研
究进度相对缓慢,今后还需进一步努力"。C 级"与既定目标项目相比,研究
进度滞后,因研究成果无法达到预期,应裁减研究经费额度或终止研究"。
在 2020 年度针对特别推进研究人文社会类、理工类、生物类共计 12 项项目
的研究进展评价中,获得 A + 级评价的 3 项,获得 A 级评价的 9 项。①

(三) 中期评价

科研费项目中期评价包括听证审查和实地调查,实施对象仅限于 2018
年后获批的特别推进研究、基础研究 S 类研究课题以及国际信息传播强化
成果公开。评价基准包括:①研究的进展情况。是否能够看到预期同等研
究进展? 在今后的研究推进中是否存在难点? 能否预见取得对相关学术领
域发展的创造性贡献? 今后的研究计划及研究方法的适当性如何? ②取得
的研究成果。是否取得或连续取得该研究领域领先国际的卓越成果? ③研
究组织。研究成员间是否存在紧密配合、合力制胜的研究氛围,研究是否得

---

① 日本学術振興会:「令和 2 (2020) 年度特別推進研究の研究進捗評価・中間評価につい
て」,http://www.jsps.go.jp/j - grantsinaid/25_tokusui/hyouka_02.html/2021 - 03 - 31.

到有效推进？④研究经费。购入设备等是否得到有效利用？研究经费是否得到有效使用？中期评价结束后，审查委员会依据评价基准给出 A＋、A、A－、B、C 共 5 个评分等级。各等级具体评价与研究进展评价相同。在 2020 年度特别推进研究理工类、生物类共计 11 项项目的中期评价中，获得 A＋ 级评价的 1 项，获得 A 级评价的 10 项。①

（四）追踪评价

追踪评价是科研费项目绩效第三方评价中的最后一个环节，于研究结项 5 年后实施。追踪评价采取书面审查形式，目的是验证研究产生的社会效益及波及效果。审查评价第一部会分别对 2011—2017 年度的特别推进研究实施了追踪评价，并于评价结束后在网上公布了评价意见、课题负责人主笔的研究概要及自我评价书。

五、日本科研费绩效第三方评价机制运行效果

日本科研费设立以来，科研产出成绩显著，成果的国际影响力与辐射力不断扩大。在日本历年科学类诺贝尔奖获得者中，就有 5 位曾获得过科研费项目资助。其中，白川英树（2000 年度化学奖）、野依良治（2001 年度化学奖）、小柴昌俊（2002 年度物理学奖）三人曾于 20 世纪七八十年代获得过科

---

① 日本学术振兴会：「令和 2（2020）年度特别推进研究の研究进捗评价・中间评价について」，http://www.jsps.go.jp/j－grantsinaid/25_tokusui/hyouka_02.html/2021－03－31.

研费资助。2012 年诺贝尔生理学或医学奖获得者、京都大学 iPS 细胞研究所所长山中伸弥教授从事的 ES 细胞和 iPS 细胞研究先后获得过科研费奖励研究 A 类(1996 年)、基础研究 B 类(2004 年)、特别推进研究(2007 年)的科研费资助。① 2016 年度诺贝尔生理或医学奖获得者、东京工业大学荣誉教授大隅良典从事的细胞自噬机制研究自 2003—2015 年间三度获得科研费"特别推进研究"立项及 13 亿日元资助。②

　　科研论文的产出规模与学术影响力是衡量一国(地区)科技发展水平的重要指标。2015 年,文部科学省科学技术与学术政策研究所科学技术与学术基础调查研究室以同时被美国 Web of Science 论文数据库(WoS)和科学研究费助成事业成果数据库(KAKEN)收录的科技论文(WoS – KAKEN 论文)为研究对象,对日本的论文产出结构进行了数据分析。文献检索聚焦 WoS 的科学引文索引 SCIE 自然科学领域数据库(2000 万篇以上)和 KAKEN_XML 数据库(约 175 万篇),检索时间分别是 2011 年 12 月末至 2012 年 3 月 16 日。文献时间跨度设置两者一致,均为 1981—2011 年的数据。文献类型为期刊论文(Article)、期刊论文和会议论文(Article & Proceedings)、综述(Review)、短文(Note)、学术报告(Letter)。研究结果表明:

　　(1)日本科学研究费补助金资助项目的论文数量及引用频次前 10% 高被引论文(Highly Cited Papers)均呈上升趋势。2006—2008 年间,科学研究

　　① 日本学術振興会「研究概要・成果—私と科研費」,https://www.jsps.go.jp/j – grantsinaid/29_essay/no71.html.2021 – 04 – 02。
　　② ニュースイッチTOP:「私の研究は科研費に支えられた」(大隅氏)ノーベル賞に導いた総額 18 億円,https://newswitch.jp/p/6415.2016 – 10 – 12.2021 – 04 – 02.

费补助金资助项目的论文分别占日本全国论文总数的 47% 及引用频次前

10% 高被引论文的 62%。科研费对于日本论文产出数量和质量的双提升起

到了举足轻重的作用。从论文作者所属机构来看,主要以大学为主。

1996—1998 年间,日本论文总数 67301 篇,WoS – KAKEN 论文 24058 篇,其

中大学研究人员参与的论文 23262 篇,占 96.7%。2001—2003 年间,日本论

文总数 76870 篇,WoS – KAKEN 论文 31348 篇,其中大学研究人员参与的论

文 30376 篇,占 96.9%。2006—2008 年间,日本论文总数 77216 篇,WoS –

KAKEN 论文 36530 篇,其中大学研究人员参与的论文 34778 篇,占

95.2%。[①] 近年来,开源期刊发展势头迅猛,科研费鼓励项目研究成果在开

源期刊(OA 期刊,Open Access Journals)发表。2011—2013 年间,科学研究

费补助金资助项目的 OA 期刊论文 4892 篇,引用频次前 10% 高被引论文

444 篇,分别占日本全国 OA 期刊论文总数的 51.7% 及引用频次前 10% 高被

引论文的 62.1%。[②] 以上两组数据从论文产出方面佐证了大学逐渐成为日

本基础研究的重要基地和高新技术前沿领域原始性创新的重要源头。

　　(2)从科研费项目在综合类(信息学、环境学、交叉领域)、人文社会类

(综合人文社会、人文学、社会科学)、理工类(综合理工、数物系科学、化学、

工学)、生物类(综合生物、生物学、农学、医齿药学)的分布情况来看,2011—

---

　　①　文部科学省科学技术・学术政策研究所ライブラリ:「論文データベース(Web of Science)と科学研究費助成事業データベース(KAKEN)の連結による我が国の論文産出構造の分析」,http://hdl. handle. net/11035/3028. 2021 – 04 – 02.
　　②　科学技术・学术政策研究所:「科学研究費助成事業データベース(KAKEN)からみる研究活動の状況—研究者からみる論文産出と職階構造—[調査資料 – 264]の公表について」,https://www. nistep. go. jp/archives/34200. 2021 – 04 – 02.

2013 年间医齿药学学科获资助人数最多,其后依次为社会科学、交叉领域、工学。从增长率来看,增长速度最快的是综合类的交叉领域(53.6%)和人文社会类的社会科学(40.6%),增长速度较慢的是理工类的工学(9.5%)和生物类的生物学(11.9%)。[①]

(3)从科研费资助项目负责人的职称来看,2011—2013 年间人文社会类教授或研究机构负责人比例相对较高,特别是社会科学领域占 50%。生物类则是助教、助理研究员、博士后比例相对较高。从全项目类别来看,教授或研究机构负责人占 36%,副教授或副研究员占 37%,助教、助理研究员、博士后占比 23%,人员构成相对均衡。青年学者作为新锐力量,在科研费项目申报上开始崭露头角,且后劲十足。[②]

六、启示

当前,我国基础研究投入仍延续以竞争性为主的国家财政经费支持模式。发挥第三方法人评价机构在绩效评价活动中的重要作用,引导和规范第三方法人评价机构从事绩效评价业务,是提高科研经费配置效率和使用效益的必然要求。日本科研费(KAKENHI)绩效第三方评价是教育改革理念在公共财政经费绩效监管方面的体现。在政府公共财政资助范围逐步紧缩的背景下,日本政府将"掌舵"与"划桨"两种责权分离,保留政府"掌舵者"

①②　科学技術・学術政策研究所:「科学研究費助成事業データベース(KAKEN)からみる研究活動の状況—研究者からみる論文産出と職階構造—[調査資料－264]の公表について」,https://www.nistep.go.jp/archives/34200.2021－04－02.

的角色,把微观管理领域放手给市场,从"规制缓和"和引入市场逻辑两方面着手推动大学学术研究活动发展,提升学术研究质量。

(一)政府简政放权转职能,第三方机构提质增效促落实

文部科学省对科研费的管理与评价主体——日本学术振兴会的管控由直接领导转变为通过"签订契约"以及"事后评价"来实现。日本学术振兴会的主要职能是履行契约,完成中期计划;而负责审查日本学术振兴会中期计划的文部科学大臣根据《独立行政法人日本学术振兴会法》对其工作提出意见和建议。相较于以往文部科学省对日本学术振兴会直接干预、过度干预的集权式管理模式,经历过法人化改革后,文部科学省仅承担为独立行政法人日本学术振兴会提供科研经费和审查其中期目标是否达成的职责,对于科学研究费补助金竞争科研项目的具体管理事项不再过问与干涉,而是交由学术振兴会全权负责。基于日本学术振兴会独立、客观的评价结果,科研费得以进行合理、高效的资源配置,从而既可以提升学术研究质量,又可以优化竞争性研究经费管理效率。

(二)创新研究经费管理手段,提高竞争性经费保障效益

纯自由探索的基础研究依赖于充足的科研经费,且科研经费支持应稳定持久。如前所述,近年来,日本科研费投入虽受经济危机、大地震等因素影响,增幅有所回落,但一直保持高位运行。同时,科研经费的管理应符合科学研究的自身规律,赋予科研人员更大的财务自主支配权,才能保证科研活动顺利进行。2001年,日本科研费引入了基础研究项目间接经费制度,对

研究人员进行绩效激励。2011 年,日本科研费引入项目经费基金化管理改革,改良了科研费管理财务会计系统。在研究期限内,研究人员结合研究进度既可以提前预支研究经费跨年度使用,又可以把年终结余资金结转下年继续使用,且免除申请手续。此举切实扩大了研究人员项目经费调剂自主权,为项目开展创造了宽松经费环境和有利条件,能够充分激发和调动研究人员的积极性和创造性,保障各类科研项目按期保质完成。

(三)完善学术研究激励机制,使科技创新活力不断迸发

为了提高研究人员课题申报的积极性和主动性,日本学术振兴会采取了一系列激励措施。例如,对于某些取得了超预期进展的研究课题,允许其在研究到期前申报新的课题。为消除课题负责人对于课题资金不足的顾虑,为优秀研究课题营造良好制度环境,还允许在其研究计划最终年度的前一年进行新课题项目申报。自 2020 年起,为鼓励优秀青年研究者积极挑战大型研究项目,日本学术振兴会允许第二次申报青年研究项目时重复申报基础研究中的 S、A、B 类项目。在 2020 年度获批的 566 项青年研究项目中,重复申报了基础项目 S 类 1 项、A 类 6 项、B 类 559 项,最终获批基础研究 B 类 121 项。[①] 此外,为了早日达成项目通过率30%的目标,日本学术振兴会还采取了对外公开未采纳课题的审查结果与专家评审意见的措施,便于研究人员及时审视申报书撰写中存在的主要问题,重新规划研究技术路线,早

---

① 日本学術振興会:「科学研究費助成事業における審査及び評価に関する規定(抄)」,http://www.jsps.go.jp/j-grantsinaid/25_toukusui/data/r02/r2_shinsahyoukakitei.pdf/2021-03-31.

日使项目申报取得成功。

第三节　日本世界一流大学重点建设项目
第三方评价机制研究

合实际、高水平的评价机制是推动世界一流大学建设的"助推器"。20世纪90年代以来,日本政府推出一系列世界一流大学重点建设项目,在项目建设过程中均采用了基于新公共管理的第三方评价进行监管,坚持目标导向和成果产出导向,把评价结果与竞争性经费挂钩,重点性、倾斜性地进行资金支持,项目评价主体——独立行政法人日本学术振兴会主导实施了事前评价、中期评价和事后评价,采用定性评价和定量评价相结合的综合评价方法,把目标项目达成度和成果产出情况作为评价重点,依据评价结果决定项目存续与否,取得了显著成效。

自20世纪90年代以来,世界一流大学建设热潮席卷全球,时至今日依然如火如荼久盛不衰。就全球各国(地区)现有世界一流大学建设经验来看,采取集中优质教育资源、重点扶持少数最具发展潜力的大学或研究机构,引导其集约化发展的"择优式"政策手段最为普遍。即各国政府有意识地通过政策导向及财政激励等措施宏观引导高等教育的发展,集约化利用现有的优质教育资源,着眼于建设少数最具发展潜力的精英大学,以期实现大学的跨越式发展。截至目前,世界一流大学重点建设项目(计划)在全球约有五十多个,主要分布在欧洲(北欧和欧洲大陆国家如德、法、俄等)、大洋洲、北美洲和亚洲。①

日本世界一流大学重点建设项目的尝试始于 1995 年的"卓越研究中心计划"（Center of Excellence ，COE），正式实践开始于"21 世纪 COE 计划"（21st Century COE Program,2002—2006），此后陆续出台了"全球 COE 计划"（Global COE Program， 2007—2015）、"世界顶级国际研究中心建设计划"（World Premier International Research Center Initiative，WPI，2007—）、"大学世界展开力强化事业"（INTER – UNIVERSITY EXCHANGE PROJECT，2011—）、"全球顶尖大学建设支援项目"（Top Global University Project,TGU，2014—）、"卓越研究生院计划"（WISE Program， 2018—）等一系列世界一流大学重点建设项目。② 日本文部科学省对上述大学重点建设项目均设立了严格的遴选标准，委托第三方评价机构对项目建设进行了中期和事后绩效评价,把评价结果与政府竞争性经费挂钩,以期通过政府资金的倾斜支持实现世界一流大学建设目标。鉴于中日两国同处具有同质文化的东亚文化圈,研究日本世界一流大学重点建设项目第三方评价模式和经验,可以为我国"双一流"第二轮建设评价标准和体系的构建与完善提供启示和借鉴。

---

① 姜雅萃:《世界一流大学重点建设计划的评价体系研究》,上海交通大学硕士学位论文,2016年,第 51 页。

② 在日本"21 世纪 COE 计划""WPI""TGU"等大学重点建设项目中并没有"世界一流大学"（world – class university 或 first – class university）的提法,取而代之的是"世界最高水平大学"（top – class university 或 top – level university）的描述,日文是"世界最高水準の大学"或"世界レベルの教育研究を行うトップ大学"。

一、日本世界一流大学重点建设项目第三方评价的缘起和实施现状

(一)日本世界一流大学重点建设项目第三方评价的缘起

始于20世纪80年代的日本教育改革对日本高等教育领域第三方评价的产生与发展影响甚巨。1984年,中曾根创设临时教育审议会,作为首相直辖教育改革咨询机构,统筹规划面向21世纪教育改革和发展蓝图。①临时教育审议会向首相提交的咨询报告中痛陈中央集权型教育行政的诸多弊端,建议放松国家对公共教育的管控力度,在高等教育领域引入市场竞争机制,并推而广之。

此后,桥本内阁、小渊内阁、小泉内阁等基本沿袭了临教审的教育改革构想,将"掌舵"与"划桨"两种责权分离,将微观管理领域放手给市场,从"规制缓和"和引入市场逻辑两方面着手推动大学变革,高等教育政策中的"市场化"色彩日趋浓重。所谓"规制缓和",换言之就是"去行政化"。即以市场力量逐步取代政府行政职能,以市场力量为主、政府作用为辅"倒逼"高等教育改革和发展,使其能快捷地应对国际教育市场上日趋激烈的竞争,规避风险。与此同时,在政府公共财政资助范围逐步紧缩和大学面临自主经营、自负盈亏的背景下,保留政府"掌舵者"的角色,在高等教育领域引入第

---

① 黒沢惟昭:「大学の個性化と総合化—公正な競争とコンソーシアム構想—」,「長野大学紀要」,2010,(12):47-61.

三方评价制度,把大学运营实绩评价结果与财政拨款挂钩,利用经济手段间接影响大学教育研究运营,实现政府对大学的监管。

(二)日本世界一流大学重点建设项目第三方评价的实施现状

截至目前,日本世界一流大学重点建设项目实施情况如下:

一是"21 世纪 COE 计划"经历了 2002、2003、2004 年三期项目遴选,并在 5 年的资助周期结束后,分别于 2007、2008、2009 年完成了三期项目的最终评价;[①]"全球 COE 计划"经历了 2007、2008、2009 年三期项目遴选,并在 5 年的资助周期结束后,分别于 2013、2014、2015 年完成了三期项目的最终评价。[②]

二是"世界顶级国际研究中心建设计划"(WPI)于 2007 年出台,其目标是"通过导入系统改革等强化研究团队的自主性、配合性,进而推动研究水平进一步提高的同时,从世界各地吸引和招揽活跃在科研第一线的研究者们加盟,建立具有优越研究环境和高研究水准的'可视化'中心"。"把世界顶尖研究中心建设成为聚集世界'优秀头脑',创造出优秀研究成果,培养造就优秀人才的摇篮"。其建设周期一般为 10 年,对于有重大发明创造或重大技术革新的研究中心,资助年限可由 10 年延长至 15 年。至今经历了 2007、2010、2012、2017、2018 年五期项目遴选。在资助开始 5 年后对入选研

---

① 日本学術振興会:「世界的研究教育拠点の形成のための重点的支援— 21 世纪 COEプログラム」,https://www.jsps.go.jp/j-21coe/2021-03-14.

② 日本学術振興会:「国際的に卓越した教育研究拠点形成のための重点的支援—グローバルCOEプログラム」,https://www.jsps.go.jp/j-globalcoe/2021-03-14.

究中心的科研活动业绩进行中期评价,依据评价结果决定研究计划的变更、终止等。WPI 分别于 2011 年对 2007 年首轮入选的 5 个研究中心进行了中期评价。2014 年对 2010 年第二期入选的 1 个研究中心进行了中期评价。2016 年完成了对 2007 年首轮入选研究中心的最终评价,对 2012 年第三期入选的 3 个研究中心进行了中期评价。2019 年完成了对 2010 年入选的第二期研究中心的最终评价。①

三是"大学世界展开力强化事业"是文部科学省出台的"留学生三十万人计划"(2008)辅助性政策,于 2011 年正式启动。以培养国际上活跃的全球化人才和强化大学教育的全球化发展能力为目标,在保证高等教育质量的同时,支援日本学生的海外留学和接受外国学生战略的事业对象国和地区的大学之间的国际教育合作为目的。该事业经历了 10 期项目遴选,在入选项目建设第 3 年和第 5 年实施中期评价和最终评价,至今已完成 5 期项目的最终评价。②

四是"全球顶尖大学建设支援项目"(TGU)于 2014 年出台。区别于以学科领域为单位组织建设的"COE 计划","TGU 计划"是以大学为单位组织申报、建设的,终极目标是"教育与研究达到世界水平的顶尖大学和引领国际化的全球化大学"。项目资助周期最长为 10 年,在入选大学建设第 4 年和第 7 年实施中期评价,第 11 年实施最终评价。首轮入选的 37 所大学已分别

---

① 日本学術振興会:「世界トップレベル研究拠点プログラム」,https://www. jsps. go. jp/j - toplevel/2021 - 03 - 16.

② 日本学術振興会:「大学の世界展開力強化事業」,https://www. jsps. go. jp/j - tenkairyoku/index. html. 2021 - 03 - 16.

于 2017、2020 年完成了两次中期评价。①

五是"卓越研究生院计划"是文部科学省于 2018 年出台的,旨在培养能够主导创新知识运用、创造引领未来价值、挑战解决社会性课题、给社会带来革新的博士人才的世界一流大学重点建设项目。该计划建设周期为 7 年,在入选大学建设第 2 年和第 5 年进行实地考察,第 4 年和第 7 年实施第三方评价。该计划经历了 2018、2019、2020 年三期遴选,分别有 13 所大学/15 件申请项目、8 所大学/10 件申请项目、13 所大学/15 件申请项目入选。2018 和 2019 年入选大学均接收过来自评价机构的实地考察。②

二、日本世界一流大学重点建设项目第三方评价机制的理论依据

高等教育领域第三方评价无外乎以下两大目的:一是提高大学教育与研究水平和质量,实现大学的教育目的和社会责任;二是为有效进行教育投资或资源重点配置提供客观依据,解决教育资源浪费,提高教育经费使用效益。随着新自由主义教育改革的推进,在强化评价保障高等教育质量功能的同时,日本政府开始重视评价的第二重功能,即将评价结果与财政拨款"挂钩",引入竞争机制,加大竞争性经费投入,关注拨款使用的绩效,增加拨

---

① 日本学術振興会:「スーパーグローバル大学創生支援事業」,https://www.jsps.go.jp/j-sgu/index.html.2021-03-16.

② 日本学術振興会:「卓越大学院プログラム」,https://www.jsps.go.jp/j-takuetsu-pro/index.html.2021-03-16.

款的透明度,以期提高高等教育的办学质量和效益,弥补由公共财政拨款逐渐减少导致教育经费短缺的窘况。同时,还全面推进大学信息公开,督促大学向社会发布第三方评价结果、财务状况、教育科研等信息,提高大学透明度。从日本世界一流大学重点建设项目的价值取向来看,主要表现为竞争、"3E(经济、效率和效益)"、绩效责任以及政府资助方式转变的市场取向。从理论基础来看,是新公共管理理论对高等教育领域的影响和应用。

竞争机制和效益观念是市场经济的主要特征,也是市场介入大学后所带来的最突出影响。日本在出台"21 世纪 COE 计划"之前,采用的是高度集权式的教育管理体制,政府财政向国立大学倾斜,每年按人头拨付运营经费。彼时的国立大学,是处于教育主管部门的严格控制之下的"官学"体制,其自身结构臃肿和资源浪费增加了国家财政负担,教职员工属于国家公务员编制,普遍缺乏竞争意识和效率意识。"21 世纪 COE 计划"的出台,为大学之间营造竞争环境、激发大学活力创造了良好的政策氛围,是新公共管理变革在科研管理体制上的集中体现。不管是在 COE 的遴选还是基于绩效评价的研究资金的资助,都引入了竞争机制,这样一来既维护竞争个体之间的公平,又有利于提高资金的使用效率。

例如,在 COE 的遴选上,日本学术振兴会采取了公开竞争招标(competitive tendering)的形式,打破"出身"桎梏,取消"嫡出"国立大学以往享有的优待,对符合遴选条件的国立、公立、私立大学一视同仁,最终入选凭借各自综合实力,体现了注重公平竞争的能者上、庸者下原则;在研究资金的分配上,前期经由第三方评价机构组建的"21 世纪 COE 计划委员会"的专家、学者对各 COE 的大学未来发展规划报告、COE 建设计划报告和研究教育活动报告等进行综合评价后,决定是否给予资金支持;尔后,在实施过程中的中期评价阶段,则结合书面评价和听证会与合议评价两种方式对各 COE 中期报告等资料进行评审后再决定具体资助金额;最后,由于有后续计划"全球 COE 计划"的出台与实施,委员会还进行了跟踪评价,即包括科技成果影响效果在内的整体验证与评价。如此一来,政府管理重心发生了转移,文部科学省对大学科研活动的管理就实现了从"事前干预"向"事后评价"的新公共管理制度的转型。

三、日本世界一流大学重点建设项目第三方评价机制案例分析

日本围绕世界一流大学建设出台的一系列重点建设项目的共同特征是以创建特色鲜明且具有国际竞争力的世界最高水平的大学为目标定位。"全球顶尖大学建设支援项目"是其中关注度高、社会影响力颇大的一项战略举措,被誉为"日本高校改革的'地壳变动'和希望"。该项目自 2014 年启动以来,首轮 TGU 建设大学已经过两次中期评价,步入建设成熟期,运行效果良好。鉴于其遴选方式、组织与实施等与我国高校"双一流"建设战略存在相似之处,在此拟对 TGU 的第三方评价机制展开典型案例分析,以期为我国"双一流"建设提供有益参考。

"全球顶尖大学建设支援项目"是日本文部科学省推出的以大学整体为对象进行世界一流大学重点建设的项目。关于项目的组织管理、申报审批等一应事务,文部科学省授权委托独立行政法人日本学术振兴会执行。项目的遴选对象是国立、公立和私立大学,拟重点扶持的大学分为两种类型:A

类"TOP 型"(具有进入世界大学排行榜前 100 名实力的、开展世界水平教育研究的顶尖大学)和 B 类"国际化牵引型"(基于既有实绩,勇于创新敢于探索,引领日本社会国际化的大学)。重点支持的大学数量和经费上限分别为:A 类 10 所左右,每所每年 5 亿日元;B 类 20 所左右,招生规模千人以上的每所每年 3 亿日元,未满千人的每所每年 2 亿日元。资助周期是在国家财政状况允许条件下最长可达 10 年。项目实施过程中有两次中期评价,其结果直接影响后续经费投入和项目存续与否。①

(一)评价主体

作为日本世界一流大学重点建设项目的评价主体,独立行政法人日本学术振兴会(Japan Society for the Promotion of Science,JSPS)的前身是设立于 1932 年的财团法人日本学术振兴会。其以振兴日本学术研究为己任,在资助学术出版及学术研究发展方面发挥了重要作用。自 1999 年起,文部省将科学研究费补助金事业中的基础科学研究领域移交日本学术振兴会管理,旨在强化和提升其地位和功能,使其业务范围从高级研究人才培养扩展到高水平研究项目以及世界顶尖教育研究基地的评价与资助。2003 年,依据《独立行政法人日本学术振兴会法》,日本学术振兴会"变身"成为受文部科学省管辖的独立行政法人机构(Incorporated Administrative Agency,IAA)。评价对象为国立、公立、私立大学的自然科学和社会科学研究活动。

---

① 日本学術振興会:「スーパーグローバル大学創生支援事業―制度概要」,https://www.jsps. go. jp/j－sgu/gaiyou. html. 2021－03－18.

　　评价机构的独立性是评价结果客观性、公正性的重要保障。法人化改革前,日本学术振兴会代表政府提供公共服务,缺乏自主权,万事"听命"于上级主管部门——文部科学省。法人化改革后,日本学术振兴会实施自主管理,虽由政府主导建立,机构运营经费来自政府财政拨款,但与文部科学省之间不存在隶属关系,不执行行政职能,两者之间通过"契约",即3~5年的中期目标及计划来履行各自的职责,发挥各自职能。简言之,独立行政法人日本学术振兴会是具有高度自主和独立性的、介于政府和社会团体之间的"准"政府组织,其对大学的评价是基于学术的角度而非行政的角度。文部科学省对日本学术振兴会的管理与控制由直接领导转变为通过"签订契约"以及"事后评价"来实现。例如,日本学术振兴会的主要职能是履行契约,完成中期计划;而负责审查日本学术振兴会中期计划的文部科学大臣根据《独立行政法人日本学术振兴会法》对其工作提出意见和建议。相较于以往文部科学省对日本学术振兴会直接干预、过度干预的集权式管理模式,经历过法人化改革后,文部科学省仅承担为独立行政法人日本学术振兴会提供科研经费和审查其中期目标是否达成的职责,对于科学研究费补助金竞争科研项目的具体管理事项不再过问与干涉,而是交由学术振兴会全权负责。

　　日本学术振兴会组建了"全球顶尖大学建设支援项目委员会",负责评审细则的制定、项目审查及监督评价项目实施效果等相关事务。委员会在不同评价阶段设置了不同的评价组织。例如,在大学遴选的"事前评价"阶段,委员会设置了"审查部会A"和"审查部会B",分别负责对项目启动时

104 所大学提交的 109 份申报书①的书面审查、听证审查与合议审查,尔后确定了 A 类 13 所和 B 类 24 所,合计 37 所首批"TGU"建设大学名单。最终,报经文部科学省审批后予以对外公布入选名单。在项目启动后的 2017 年和 2020 年的中期评价阶段,委员会设置了"中间评价部会 A"和"中间评价部会 B",负责对首批"TGU"建设大学开展中期评价活动。

第三方评价机构人员构成的专业性、权威性以及多样性是影响评价质量和评价结果专业性、权威性、公平性及合理性的重要人为因素。委员会由大学校长联合社会经济、科研等领域的学识之士组成,人数基本控制在 9 ~ 11 人以内。2014 年度委员会委员长由东京都教育委员会委员长兼文部科学省顾问木村孟担任,副委员长由公立大学法人福冈女子大学理事长兼校长梶山千里担任,其余 9 名委员分别是 3 名大学校长,3 名企业会长,2 名国际交流基金理事长,1 名研发机构理事长。② 多样化的团队可以互相弥补不同领域的认知盲区和短板。此外,为确保评价人员能从客观立场做出专业判断,从而取得公信度高的评价结果,日本学术振兴会还从评价目的、内容及方法等方面对评价人员进行严格培训。

(二)评价流程与方法

由于"全球顶尖大学建设支援项目"的资助周期最长为 10 年,2014 年首

---

① 因一所大学可同时申报 A 类"TOP 型"和 B 类"国际化牵引型",故导致申报院校数与申报书份数不一致。

② 日本学術振興会:スーパーグローバル大学創生支援事業—委員名簿・会議資料—「スーパーグローバル大学創成支援プログラム委員会」の設置について,https://www.jsps.go.jp/j - sgu/data/meibo_siryou/h26_sgu1_1 - 0. pdf. 2021 - 03 - 18.

批"TGU"建设大学已按规定完成了两次中期评价,资助周期结束后的事后评价尚未实施。该项目在资助周期内评价上延续了自 WPI 项目开始实施的年度跟踪评价(follow - up)。年度跟踪评价的目的在于确认每年度各大学建设措施落实情况,具体实施流程是:各大学填写跟踪评价调查表,内容应包括申报计划书中罗列的各种事项的进展状况以及具体达成的数值目标,然后提交给"全球顶尖大学建设支援项目委员会事务局"。事务局依据该调查表对项目整体进展情况以及各大学的特色举措、突出成果、课程等进行汇总,并将结果上报给"全球顶尖大学建设支援项目委员会"。年度跟踪评价能够确保委员会实时监控项目的实施与执行情况。

中期评价一般采取书面评价和面试调查两种方式,特殊情况下评价部将进行实地调查。2017 年度的中期评价自 2017 年 6 月中旬起至 2018 年 2 月完成。2020 年度的中期评价自 2020 年 8 月下旬起至 2021 年 3 月完成。两次中期评价均由文部科学省高等教育局发布评价通知及评价相关资料。评价相关资料包括中期评价要点、面试调查实施要点、实地调查实施要点、致文部科学大臣公文书、中期评价调查表、中期评价相关资料填写说明等。书面评价与年度跟踪调查评价一样,由各"TGU"建设大学逐一对照评价基准填写"中期评价调查表"后提交给中间评价部会。调查表共 79 页,包括申报学校基本信息,建设构想蓝图(含项目推进流程、通用指标和个性化指标等),建设进展情况(含指标完成情况及资助资金使用情况),成果指标数据等。① 部会基于《中间评价实施要点》,对各大学提交的项目中期执行情况和阶段性成果等书面材料进行审核,针对书面审查中的不明之处,面向所有"TGU"建设大学进行答辩形式的面试调查。面试调查时长约 35 分钟,基本流程是各大学 TGU 建设负责人陈述,质疑问答,形成个别审议与面试调查评价书。实地调查是依据《实地调查实施要点》包括听取大学针对书面调查和面试调查的反馈,与学生座谈,实地勘察教育教学设施等。其目的是为了补充完善书面调查和面试调查。最后,基于前期调查的基础上完成评价结果初稿,并提交评价委员会进行审议后定稿。

综上,"全球顶尖大学建设支援项目"在资助周期内是以年度跟踪评价为主要评价形式,在项目实施第 4 年和第 7 年进行中期评价,并依据中期评价结果动态调整下一轮建设范围,优化资助资金配置,最后在项目实施后的第 11 年即项目结束后进行事后评价。

（三）评价基准和内容

第三方评价机构的评价基准是依据《学校教育法》和文部科学省的相关要求制定的。第三方评价机构的服务对象是不同类型、不同层次的大学,故而每家机构的评价侧重点和评价标准不尽相同。2020 年,"全球顶尖大学建设支援项目委员会"结合中期评价结果,对项目原有评价基准进行了探索性调整。项目现行评价基准包括通用成果指标与达成目标和各大学个性化成

---

① 日本学術振興会:「スーパーグローバル大学創生支援事業中間評価調書」,https://www.jsps. go. jp/j – sgu/data/chukan/sgu – chukan – chousho. pdf. 2021 – 03 – 18.

果指标与达成目标两大类。(1)通用成果指标与达成目标分为国际化、大学治理改革和教学改革三大模块。其中,国际化模块包括多样性、流动性、留学支援体制、语言学习能力、教务系统的国际通用性和灵活的学校活动日程等六大领域 27 项内容。大学治理改革模块包括年薪制的导入、具有国际通用性的人事招聘和进修、行政事务人员素质提升三大领域 9 项内容。教学改革模块包括教育课程体系、教学大纲的英语化、英语资格考试在学部入学考试中的应用等三大领域 5 项内容。(2)各大学个性化成果指标与达成目标是各大学根据建设构想设定的定量和定性的成果指标。此外,申报 A 类"TOP 型"的大学要求填写学校的国际排名、国际评价以及论文引用率、国际合作论文数量、共同研究与委托研究情况等研究成果产出实绩。申报 B 类"国际化牵引型"的大学须填写办学优势特色及具体举措等。①

(四)评价结果

"全球顶尖大学建设支援项目"的年度跟踪评价和中期评价结果最终均会以评价报告的形式向社会发布。中期评价完成后,委员会给出的综合评价分为 5 个评分等级,由高至低依次为:S、A、B、C、D。其中 S 级"项目进度喜人,预计能达到建设目的",A 级"若保持目前的进度,有可能达到建设目的",B 级"达到预期目的还需要进一步完善和努力,应听取委员会的改进建议",C 级"按照目前的进度,达到既定目标存在一定困难,应缩小或废除无

---

① 日本学術振興会:「スーパーグローバル大学(SGU)創生支援事業のロジックモデル(令和 2 年 4 月改訂)」,https://www.jsps.go.jp/j‐sgu/data/logicmodel_03.pdf.2021‐03‐18.

法取得与预期成果的相关举措,应缩小财政支援规模",D 级"按照目前进度,达到既定目标非常困难,应终止财政支援"。在 2017 年的中期评价中,6 所大学获得 S 级评价,占 16%;25 所大学获得 A 级评价,占 68%;6 所大学获得 B 级评价,占 16%。[①] 在 2020 年的中期评价中,8 所大学获得 S 级评价,占 22%;25 所大学获得 A 级评价,占 68%;4 所大学获得 B 级评价,占 11%。与 2017 年相比,获得 S 级评价的大学数增加 2 所,获得 B 级评价的大学减少 2 所,意味着各大学基于 2017 年中期评价委员会给出的改善建议,做到了切实抓好整改,扎实推进项目建设。[②] 截至目前,该项目首轮入选的 37 所大学均顺利通过第二次中期评价,进入 TGU 最后一个建设周期阶段。

四、结语

政策评价的恰适性和有效性是决定一项政策成功与否的关键因素。一般来说,政策评价机制存在的缺陷不外乎以下两种:第一,评价机构的非独立性导致评价结果缺乏公正性、客观性;第二,由于政策目标妥当性有待进一步验证和考究,导致政策评价内容的模糊性和不确定性。纵观日本政府围绕创建世界一流大学而出台的一系列重点建设项目,可以发现其政策评价强调目标与方案之间的相互调试,注重"渐进式的修修补补",不同时期的

---

① 日本学術振興会:「スーパーグローバル大学創生支援事業平成 29 年度中間評価結果の総括)」,https://www.jsps.go.jp/j-sgu/data/kekka/h29_sgu_chukan_kekkasoukatsu.pdf. 2021-03-18.
② 日本学術振興会:「スーパーグローバル大学創生支援事業令和 2 年度中間評価結果の総括」,https://www.jsps.go.jp/j-sgu/data/kekka/r2_sgu_chukan_kekkasoukatsu.pdf. 2021-03-20.

建设项目之间存在着一定的内在逻辑关系与延续性,是在不断探索与持续优化中前进的。

随着世界一流大学重点建设项目第三方评价活动的开展与实施,文部科学省对项目管理由"掌控"转为"遥控",负责强化政策引导,并不直接主导或行政干预具体的建设方案或建设进程。但在项目实施过程中强化了第三方评价的奖惩性功能。一旦出现评价结果不合格的情况,文部科学大臣可严令整改甚至终止资助。从保障建设质量和政策效果的角度来看,国家强制倾向并没有得到削弱。第三方评价实施主体——独立行政法人日本学术振兴会主导实施的评价活动包括事前评价、中期评价和事后评价三个阶段,采用定性评价和定量评价相结合的综合评价方法,把目标项目达成度和成果产出情况作为评价重点,依据评价结果决定项目存续与否。

2021 年,我国"双一流"新一轮建设即将启动。"双一流"建设是一项具有复杂性、系统性、长期性特点的艰巨工程,需要以科学客观的评价机制引导大学可持续发展,实现世界一流大学建设的宏伟蓝图。我国"双一流"建设评价体系的构建,在评价主体上应注重发挥第三方评价机构的作用,谨慎参考和科学借鉴国内外大学和学科排行榜的指标体系,[①]打破排名思维和指标思维的单一思维,针对入选高校和学科的优势特点,综合评价成果产出和建设成效,重点突出对国家重大战略、区域和行业发展、解决重大技术问题

---

① 钟秉林、王新凤:《我国"双一流"建设成效评价的若干思考》,《高校教育管理》,2020 年第 4 期。

的贡献,①为我国高校的分类分层建设和特色发展、争创世界一流夯实建设根基。

---

① 王战军、雷琨:《日本"全球顶级大学计划"中期评估及启示》,《中国高等教育》,2019 年第 22 期。

第五章　高校科研项目绩效第三方评价制度的国际比较研究

　　在科学技术迅猛发展的当今世界,衡量一个国家科技实力和核心竞争力强弱的重要标志是科技自主创新能力和研究与开发水平。随着全球进入空前的创新产业振兴时代,世界各国越来越重视科技创新能力的提高,对有效评价工具的总体需求将持续增加,以便为有效资源的合理有效配置提供决策依据。公共财政资助为主的科研项目绩效评价成为科研管理实践和学术理论研究的热点问题,积极探索构建合实际、高水平的科研项目绩效评价体系得到了国家决策者和社会各界的关注。本章拟从评价主体、方法、标准、实施流程、效果五个方面对中、美、日三国高校项目绩效第三方评价制度进行比较分析,寻找其异同,探求一般规律和特殊规律。

第一节　第三方评价制度的主体比较

追溯与回顾科研评价的演进过程,由于政府垄断式评价的局限性、评价工作的系统性与复杂性以及社会利益群体多元化背景下公民参与公共事务意愿与能力的增强,既往政府作为单一评价主体的评价模式已不能满足社会公众需要。绩效评价的主体经历了从同体单一向异体多元的转变,由政府机构内部评价逐步发展成为社会机构广泛参与的第三方评价。科研评价的基本原理是提高研发绩效,确保公共财政投入的自然资源和货币资源的有效利用。中、美、日三国案例研究表明,在科研项目绩效第三方评价实践中各国的评价主体不尽相同。科研项目绩效评价在国外发达国家起步较早。经过长期探索,美国和日本都建立了一套适合本国国情的科研项目绩效评价体系,并在科学技术发展实践的检验中日趋成熟和完善,已形成一些固化的评价模式。我国科研项目绩效评价相对于美国、日本起步较晚,在科研评价方面则处于一种模仿学习(Imitation Learning)和“跟跑”为主的状态。科研项目绩效第三方评价的关键在于评价机构需要保持“第三方”属性,能够自主确定评价标准。科研项目绩效第三方评价应与第一方政府评价、第二方学校评价构成三方并行、互相印证、互为补充,从而实现全面覆盖、全面保障。

中、美、日三国高校科研项目绩效第三方评价机构的建立主体大致可以分为两大类:一类是由政府主导,授权或委托建立,但又独立于其他政府教育行政部门;另一类是由行业协会,与政府和学校没有直接利害关系的非官方专业社会团体自主建立。虽然建立主体不同,但中、美、日三国都设定了严格的认证和准入机制,评价机构都要经过政府和社会的双重"考验",才能开展评价活动,并享有相对充分的管理和评价自由权。

一、美国高校科研项目绩效第三方评价制度的主体

美国联邦政府对高校科研经费投入的主要分配方式是自由竞争。美国高校科研资助主要来自三大渠道:其一是来源于联邦政府的各职能部门的高校科研项目竞争性经费。竞争性经费的大头一般都拨付给了少数科研实力雄厚的研究型大学;其二是来源于各州和地方政府的科研经费资助拨款。这类预算拨款主要为高校提供科研辅助经费、科研基础设施经费和部分区域性研究项目经费,资助的重点在应用和发展研究以及研究成果的转化等方面;其三是联邦政府委托大学运营管理的国家实验室间接资助高校的公共科研预算经费。以密歇根大学(University of Michigan)[1]为例,作为美国科研经费名列前茅的公立大学,其从联邦政府国立卫生研究院、国家科学基金会、国防部、能源部等职能部门获得的科研经费约占科研经费总量的60%以上,从企业等非联邦政府机构获得经费约占科研经费总量的10%以下。[2] 为

---

① 密歇根大学是美国历史最为悠久的大学之一,被誉为"公立常春藤",素有"公立大学典范"之称,是美国学术联盟——美国大学联合会(Association of American Universities, AAU)的 12 个发起者之一。

② 胡勇军、赵文华:《中美研究型大学科研经费管理的比较研究——以美国密西根大学和上海交通大学为例》,《现代大学教育》,2014 年第 3 期。

提高不同种类科研经费的使用效率和效益,美国联邦政府从国家政策和内外部监督控制等方面对科研项目的申报、立项、执行情况和结题等进行了科学、规范的管理。做实科研绩效管理,是提升科研投入产出效率的重要举措。为确保科研绩效评价的客观、公正和专业,美国高校科研绩效评价主要委托第三方开展评价。

在联邦政府层面,联邦政府虽然提供了超过半数的科研经费,但并没有设立一个统一的全国性科研领导机构,而是在某些与科研管理有关的部门或政府管理机构设置科技评价办公室,将科研的管理权分散到联邦政府的各个职能部门。[①] 例如美国国会技术评价办公室(OTA)、国会预算办公室(CBO)、国会研究服务部(CRS)、美国总审计署(GAO)等。[②] 此外还包括如美国国家自然基金会(NSF)、美国卫生研究院(NIH)等美国高校最主要的科研资助机构所延聘的专家团体。其中,NSF 一半以上的项目主管是依据《政府间职员法案》(Intergovernmental Personnel Act,IPA)临时聘请的科学家、工程师和教育家,他们作为专业的第三方,在科研项目的立项、执行和绩效评价中发挥了重要作用。

在民间层面,美国政府依据《史蒂文森·怀特勒技术创新法》《拜杜法案》以及《政府绩效与结果法案》等相关法律履行评价职责,委托一大批高水平、相对稳定的社会咨询评价机构(Government contractor),包括企业和非营利机构等民间评价机构,独立于行政部门开展工作,承担"去行政化"的评价

---

① 学白羽、李美珍:《中美政府部门对高校科研经费的投入及管理方式比较》,《清华大学教育研究》,2004 年第 12 期。

② 陈宁:《美国的科技评价与科研事后评价概况》,《全球科技经济瞭望》,2007 年第 12 期。

活动。此外,除了如世界技术评价中心等独立的、国家水平的非营利性评价组织外,美国还拥有大量承接政府评价职能转移的专业学术评价机构。作为"出资方",美国政府可以决定"做与不做",却不能轻易改变"做什么"和"怎么做"。这种出资人和执行者相分离的制度,在一定程度上能保证评价的公正、专业与客观。联邦政府和专业评价执行者之间建立相互监督协作机制,充分发挥监督合力,减少了徇私舞弊与暗箱操作的可能性。

二、日本高校科研项目绩效第三方评价制度的主体

日本高校从事的科学研究以基础研究和应用研究为主,鲜少涉及开发研究领域。以国立大学为例,科学研究经费的来源主要由以下三部分组成:

(1)经常性教育研究经费。它是根据各国立大学的教师人数为基数乘以人均补助额度,以政府财政预算拨款形式下拨的一次性预算拨款,其经费包括实验室设施和研究杂费等,是运营费交付金的重要组成部分。

(2)竞争性研究经费。由日本文部科学省委托学术振兴会管理的竞争性科研经费包括科研费(KAKENHI)、战略性创造研究推进事业资助金、科学技术振兴调整费、研究基地创建费补助金等,主要采取公募、评审等公开竞争方式择优立项。竞争性研究经费的资助对象为国立、公立、私立大学,国立、公立实验研究机构以及企业、独立科研政策与管理行政法人中的研究人员和研究群体。

(3)外部研究经费。外部研究经费主要是大学与日本公司企业或财团合作的研究经费。日本政府鼓励产学合作,希望大学能够吸引社会上的委

托和共同合作的科研项目,以此推动科学研究成果产业化。① 日本高校实行科研项目负责人负责制,明确科研项目负责人的职责与管理权,对上述三大类科研经费实行分类管理,经常性教育研究经费须遵守相关教育行政部门发布的《研究机构公共研究基金管理办法》、项目"申请·契约书"以及高校会计条例等规则,竞争性研究经费须遵守学术振兴会制定的《科学研究费助成事业审查与评价章程》,外部研究经费则须遵守项目"委托契约书"和高校会计条例。②

竞争性科研经费分配可以带动高质量成果的产出。为确保竞争性科研经费配置效益的最大化,日本文部科学省委托独立行政法人日本学术振兴会管理日本规模最大、应用最广的竞争性资金——科研费(KAKENHI),负责制定科研费十二大类研究项目申报、管理及评价的规范和制度,发布科研项目计划指南,落实研究项目计划,监督、追踪研究项目的执行情况,并最终对各项目进行评价。学术振兴会与文部科学省之间不存在隶属关系,不执行行政职能,双方通过3~5年的中期目标与计划履行各自职责,发挥各自职能。学术振兴会具有高度自主权和独立性,是一个介于政府和社会团体之间的"准"政府组织,其对于科研项目的评价是基于学术的角度而非基于行政的角度。此外,独立行政法人日本大学改革支援与学位授予机构③(Na-

---

① 李润华:《独立行政法人化改革后日本国立大学财政支援体系研究》,《比较教育研究》,2010年第8期。
② 杨雯雯、丁海忠、谢圣华:《基于"放管服"视角高校科研经费管理优化研究——对日本三所高校调研的启示》,《科技经济导刊》,2020年第35期。
③ 该机构是2016年4月由原大学评价与学位授予机构与原国立大学财务与经营中心合并重组而成的。

tional Institution for Academic Degrees and Quality Enhancement of Higher Education, NIAD – QE) 也会对国立和公立大学的教育与科研情况定期展开第三方学术评价。

三、我国高校科研项目绩效第三方评价制度的主体

我国高校科研归口不同部门管理,科研经费具备多元化的来源,科研经费管理的政策工具逐步从粗放式向精细化过渡。一般来讲,我国公办高校属于财政全额拨款事业单位,在科研经费预算中对学校的管理费和人员费管理较为严格。当前,我国科研项目绩效评价体系尚待完善,科研项目评价主体构成还较为单一,评价主体一般来自科研管理部门人员及高校各专业领域的专家学者,极少涉及科研成果的终端使用人群及第三方中介机构,专家组成员的遴选也有待进一步公开和透明。① 为解决这些问题,国家相继出台了一系列政策性文件,释放了重要政策信号。2015 年 5 月,教育部在《关于深入推进教育管办评分离 促进政府职能转变的若干意见》中提出,"推进管办评分离,构建政府、学校、社会之间新型关系,形成政府依法管理、学校依法自主办学、社会广泛参与的教育公共治理新格局"②。2017 年 1 月,国务院在《国家教育事业发展"十三五"规划》中明确提出了"鼓励行业企业、专

---

① 余江:《英国科研评价体系及其借鉴问题》,《中国社会科学报》,2014 年 7 月 30 日。

② 中华人民共和国教育部:《教育部关于深入推进教育管办评分离 促进政府职能转变的若干意见》,[2015 – 05 – 06][2021 – 06 – 10] www. moe. gov. cn/srcsite/A02/s7049/201505/t20150506_189460. html。

业机构和社会组织规范开展教育评价和决策咨询,大力培育专业服务机构,委托专业机构和社会组织开展评价"①。这些政策信号凸显了社会第三方评价机构参与我国教育决策和管理的重要地位和独特作用,为深入推进我国科研评价改革创新提供了新的思路与方向。

同时,我国在第三方机构参与科技评价方面也做过一些有益尝试,由政府或科技行政部门主导成立了一批第三方科技评价机构。例如,2016 年,科技部有关部门批准同意中科合创(北京)科技成果评价中心开展科技成果评价工作,标志着我国首家第三方专业科技成果评价机构诞生。2017 年,广东成立了首家第三方专业科技成果评价机构——"科技成果评价(广东)服务中心"。从我国国情看,政府主导成立的第三方科技评价机构将成为未来科技评价的中坚力量,民间成立的企业组织以及大学和研究机构设立的专家智库力量相对薄弱,面向市场还需要积累权威性和社会公信力,作用还没有得到充分发挥。

目前,我国已成立的第三方科技评价机构的业务来源主要依靠政府的委托,且大部分评价机构的运行经费过多依赖政府或科技、教育行政部门的财政支持,严重影响了评价机构的独立性。同时,存在着政府在评价项目开展、评价人员的选拔和任命等方面干涉过多的隐患。② 独立性是第三方评价机构最重要、最显著的特征,直接影响着评价的客观公正性,是第三方评价

---

① 中华人民共和国教育部:《国务院关于印发国家教育事业发展"十三五"规划的通知》,[2017 – 01 – 10][2021 – 06 – 10]www. moe. gov. cn/jvb_xxgk/moe_1777/moe_1778/201701/t20170119_295319. html。

② 余凯、杨烁:《第三方教育评估权威性和专业性的来源及其形成——来自美、英、法、日四国的经验》,《中国教育学刊》,2017 年第 4 期。

区别于其他评价的根本所在。真正的第三方机构应是具有独立法人资格的实体,能独立承担经济和法律责任;应拥有专业科技评价管理团队,在评价活动中应以专职评价人员评价为主,专家参与评价为辅;资金来源独立,依靠提供多种专业化评价服务获取经济收入,以此规避各方利益风险;应具有相应的技术保障条件和大量的学术评价数据积累,保证评价结果的真实性与准确性。① 为此,我国有必要借鉴国际经验,积极探索建立政府、社会组织、公众等相应研究成果受益者参与的评价机制,充分发挥行业协会、专业团体在科研评价中的作用。在条件允许的情况下,鼓励民间第三方评价机构的发展,扶持个人创办民营性质的第三方评价机构,以市场需求为导向,提供不同层次和多种类型的科研评价服务。

第二节　第三方评价制度的方法与标准比较

科研评价工作是推动创新驱动发展的一项基本性和根本性工作。建立和完善客观公正的科研评价体系是促进科研成果迅速推广进而转化为现实生产力的重要保障和手段。从科学和学术发展的意义上来说,科研评价是促进科学发展的“守护神”,至关重要、不可替代。学术自由是关口,符合规律的科研评价也是关口,是确保学术研究行驶在自由轨道上的关口。故此,对学术评价不能也不应该只集中在单一的评价方法。在高校科研评价实践

---

① 李志民:《科技评价我们需要向发达国家学什么?》,《科学中国人》,2020 年第 2 期。

蓬勃发展的同时,评价方法和技术方面理应日益健全,善于"披沙拣金"。从国际经验来看,发达国家普遍采用经济分析框架进行科研绩效评价。其中较为常见的评价方法是侧重于具体科研成果产出的成本效益分析法或收益率法。

一、美国高校科研项目绩效第三方评价的方法与标准

美国常用科研评价方法主要包括:①文献计量学统计方法,主要针对出版物、论文引用情况及专利等进行技术分析。②成本效益分析法,通常采用文献计量学指标进行科研绩效量化评价,如科研项目产出的论文或专利的数量,技术转让创造的就业岗位数量,以及科研项目提出的对策建议对区域经济社会的贡献等等。③同行评审(peer review,又称同行评议),是由专业且有权威代表性,利益无涉,尊重学术规律且能够独立开展科研评价的"科学共同体"进行自我评价和纠正的一种方法,是很多联邦机构对科学研究进行事前、事中和事后评价的最主要的方法。④指标分析法,由某领域内的国际或国内学术界和产业人士在定量数据和定性分析的基础上对科学研究进行客观评价。此外,还有对重大科学事件和科学应用过程进行分析的案例分析法,以及用回顾历史的方式进行科研评价的回顾性分析法。

以美国科学基金会(National Science Foundation,NSF)为例,作为美国联邦政府资助基础科学研究与教育的重要机构,NSF 每年要对上万件课题申请进行评审遴选,主要通过邮件通讯评审、小组讨论评审、邮件通信与小组讨论相结合的评审方法获得来自外部的同行评审。价值评审(Merit Review)是

美国国家科学基金会进行课题遴选采用的评价体制。国家科学基金会通过价值评审程序对所有申报课题的研究价值进行评审,获得认可后方能得到基金支持。价值评审主要包含两条标准:一是申请课题的学术价值。申请课题在其本领域或跨领域中对先进知识和认识的重要性多大? 课题申请人(个人或团队)对实施计划是否具有胜任的能力? 申请课题揭示和探索创造性和新颖性观念的程度多大? 申请课题的构思与组织好坏? 是否有充足的可使用资源? 二是申请课题的拓展影响。申请课题对促进科学发现和认识,促进教育、培训和学习有多大作用? 申请课题所代表的人群(以性别、种族、地理区域等划分方式)参与活动的能力多大? 它对增强研究和教育的基础设施建设(设备、仪器、网络和合作关系等)的力度有多大? 研究结构广泛散布能否增强人们的科学与技术认识? 申请课题能产生哪些社会效益? 为了落实价值评审标准,深入推进价值评审工作,国家科学基金会采取了一系列措施。例如在课题申请指南和价值评审专题网页中对"拓展影响"进行概念诠释并举例说明,以便课题申报者理解和掌握;修订申请与资助手册中的知道内容,强调课题的学术价值和拓展影响两项评价的重要性;更新国家科学基金会的评审形式,检查评审专家对拓展影响标准的熟知程度。[①]

随着全社会越来越关注科研的社会应用价值,美国国家科学基金会科学政策项目资助开展了"科学公共价值图"研究。作为近年来美国联邦政府

---

① 华薇娜、刘芳:《美国科学基金会课题遴选的评价体系述要》,《学术界》,2010 年第 10 期。

实施的最具代表性的国家层面的科研评价框架,STAR METRICS① 项目建立一个基于计量指标及数据分析的评估模型,通过设计一系列评估指标,整合现有但分散的数据集,测量并评价美国联邦政府公共研发投入为社会带来的广泛非学术影响。

　　该项目通过创建大规模的数据源,实时监测科研经费的流向,绘制可视化学术网络地图,整合可拓展的数据潜力,计算和评价美国联邦政府对不同机构所进行的科研投资在科学知识、社会产出、劳动力产出以及经济增长四方面的影响,并以此为未来的政府科技政策的制定与评价提供数据支撑。该项目针对大学、科研机构以及项目负责人等不同主体,分别设定了不同的指标体系。在科学知识方面,面向大学的指标主要关注教师在科学知识生产与创新方面获得的成果,如教师的专著、教材等出版物、文献被引情况等。面向科研机构的指标一方面关注科研人员知识的生产与创新情况,另一方面更加关注所生产的知识在社会中被吸纳、使用与传播的程度。如某一科研成果的转化率或被应用于教育、司法等其他领域的情况等。面向项目负责人的指标则更多关注科学知识通过网络、讲座等方式,在社会上被公众所认知与了解的程度。② 在社会产出方面,面向大学、研究机构及项目负责人三方主体的指标体系所关注的内容大致相同,均为健康、公平、安全、治安、

---

　　① 该项目全称 Science and Technology for America's Reinvestment: Measuring the Effects of Research on Innovation, Competitiveness and Science,中译为"美国再投资中的科学与技术:测量研究工作在创新、竞争力与科学上的影响"。

　　② NATIONAL SCIENCE FOUNDATION. Reports to universities. [2010 - 08 - 13][2021 - 06 - 15]. http://nrc59. nas. edu/star_info2. cfm.

基础设施以及环境六大指标。①

作为重要的社会公共机构,美国高校开展科研,以体现公共价值倾向居多。根据办学定位的不同,不同类型的高校在科研绩效评价内容的设立和评价标准的规定方面侧重点不尽相同。由于人文科学的复杂性和延时性,美国高校在科研绩效评价标准的设立上更注重跨学科研究,不仅关注已经公开发表的研究成果,还关注进展过程中的研究成果。以美国高校人文科学教师科研绩效评价方法为例,主要包括定量指标法和同行评价法。其中定量指标法是指对期刊论文和出版书籍等通过量化系数折算为绩效量,累计作为教师的绩效贡献量;同行评价法是指校内和校外同行专家对教师论文发表情况、专著出版情况、参与课题情况和获奖情况等进行综合评价。值得注意的是,美国高校人文科学教师科研绩效评价并不完全迷信论文引用率,更为看重科研项目和获得大量科研经费。②

二、日本高校科研项目绩效第三方评价的方法与标准

评价过程中不同阶段采用的评价方法恰适与否决定了科研项目绩效评价实施的效率与效果。日本科研评价方法具有多样性的特点,评价内容因对象而异、各有侧重、极具针对性:注重根据评价对象和目的甄选评价方法,

①　马千淳、王楠:《美国 STAR METRICS 项目的实施与评价——兼论对我国科技政策与科研评估的启示》,《科技管理研究》,2020 年第 21 期。

②　张尔秘、史万兵:《美国高校人文科学教师科研绩效评价体系特征与借鉴》,《沈阳师范大学学报》(社会科学版),2020 年第 1 期。

注重量化评价与质性评价的有机结合,注重对研究开发方案可行性和效用度的评价,注重对研究开发课题目标达成状况及成果的社会贡献与影响的评价,注重对研究开发机构工作推进状况与目标达成的评价,注重对研究者产学研合作、成果转化及对社会经济贡献的评价。[①] 例如,日本学术振兴会和日本大学改革支援与学位授予机构等第三方评价机构采用定性与定量相结合的综合评价方法,通过书面评价、实地考察、听证会及合议评价等方法全面客观地收集信息,根据数据和事实进行分析判断,全方位、多层次、多角度地展示被评价对象全貌,客观、公正、科学、独立地推进第三方评价工作。

《国家研究开发评价大纲指南》是日本研究开发评价的纲领性政策文件,对日本科研评价起着重要的指导作用。文部科学省各职能部门、高校和高校共同利用机构、文部科学省所辖研究机构等均须遵循该指南开展研究开发的评价工作。该指南指出应根据研究开发的特性,基于必要性、妥当性、效率性、有效性原则设定并实施相应的评价基准和评价指标。[②]

科研评价的"必要性"原则体现在科学与技术的意义、社会与经济的意义两方面。前者还可称之为理论价值,即科研计划方案是否具有独创性、革新性、先导性、发展性等;后者又可称之为应用价值,即科研计划方案是否能够带动产业经济活动振兴和提升经济活动质量;能否提高国际竞争力;能否创造社会价值;能否为维护国家利益做出贡献;能否为政策方案的拟定、论

---

① 周琬馨、李泽彧:《日本学术评价的特点与启示——基于"大纲性指针"的解析》,《宁波职业技术学院学报》,2018 年第 8 期。

② 日本内阁府:「国の研究開発評価に関する大綱の指針」,[2012 - 12 - 06][2021 - 06 - 20] https://www8. cao. go. jp/cstp/kenkyu/20121206sisin. pdf.

证以及颁布实施做出贡献等。科研评价的"妥当性"体现在计划方案是否能够满足国家和社会需求;研究目的是否适当;国家参与的必要性和紧急性;与其他国家先进研发的比较是否适当等。科研评价的"效率性"体现在计划与实施体制的恰适性;目标与达成管理机制的恰适性;经费预算比例和经费使用效益的恰适性;研究开发的手段和方法运用的恰适性等。科研评价的"有效性"体现在目标实现的可能性和目标达成手段的可行性;目标的达成度;对创造新知识的贡献、对社会和经济的贡献、预期科研成果的内容;科研预期效果与波及效果;对提高研究开发质量的贡献;预期的科研成果转化;对行政政策实施的贡献、提供各类人力支持和知识贡献等。

三、我国高校科研项目绩效第三方评价的方法与标准

我国科研评价由于发展较晚,尚处于初级阶段,评价理论和评价技术相对落后,科研评价的方法和标准较为单一。改革开放初期,为解决科研评价体系缺失、科研质量客观衡量指标不足的问题,南京大学把美国科学情报研究所的 SCI 体系引入,满足了我国科学基金评审亟须"简单客观、与地域没有关系、操作性强的评价体系"的需求。其后,学术期刊影响因子、基本科学指标数据库(ESI)排名等指标在我国逐渐被广泛应用。[1] 近年来,科技界和学术圈对 SCI 及其衍生品等定量指标的热烈追捧催生了"唯 SCI""SCI 至

---

① 刘静:《科研评价模式改革研究——基于破除"唯 SCI"的视角》,《中国高校科技》,2021 年第 3 期。

上"的不良风气,使得科研评价指标化、简单化,与科研评价的专业性、复杂性背道而驰。以唯 SCI 论文数量、引用率、区位等科研评价活动,分割了知识创新和创新思维间的关系,致使科研功利化倾向日趋严重,学术不端行为屡屡发生。清理"五唯",破除"SCI 至上",扭转重量化指标轻服务贡献、重"一把尺子"轻多元评价,势在必行。

为扭转当前科研评价中存在的 SCI 论文相关指标片面、过度、扭曲使用等现象,规范各类评价工作中 SCI 论文相关指标的使用,鼓励定性与定量相结合的综合评价方式,探索建立科学的评价体系,引导评价工作突出科学精神、创新质量、服务贡献,推动高等学校回归学术初心,净化学术风气,优化学术生态,我国政策利好不断加码。国家相关部委印发《关于开展清理"唯论文、唯职称、唯学历、唯奖项"专项行动的通知》《关于深化项目评审、人才评价、机构评估改革的意见》等系列文件,展示了我国教育科研系统对清理"五唯"现象的信心和决心。2020 年 2 月,教育部、科技部联合颁发《关于规范高等学校 SCI 论文相关指标使用 树立正确评价导向的若干意见》。2021 年 8 月,国务院办公厅印发《关于完善科技成果评价机制的指导意见》(以下简称《指导意见》)提出 10 条兼具针对性和实操性的主要工作措施,直面科技成果评价堵点难点问题。例如,明确基础研究成果以同行评议为主,推行代表作制度;应用研究成果以行业用户和社会评价为主,把新技术、新材料、新工艺、新产品、新设备样机性能等作为主要评价指标;技术开发和产业化成果，以用户评价、市场检验和第三方评价为主，等等。①

我国学者呼吁建立基于分类的科研评价制度。钟经华认为根据科技创新规律，科技成果和人才的分类评价均可按横向和纵向分类实施。横向分类是按不同学科或领域分类，如按自然科学和社会科学分类，自然科学又可细分为理、工、农、医等。纵向分类则是按科技创新链上下游不同环节分类，如理论研究、技术开发、新产品开发等。不同类别的科技成果有不同价值。按纵向分类的科技成果，可分为论文、专利或软件著作权、物理或电子样机、新产品等不同形态，并对应着科技创新中的理论研究、技术开发、样品开发、商品开发等不同环节的创新产出。如论文虽然没有产生直接或现行经济效益，但其学术价值和潜在的经济社会效益可能巨大。对于横向分类的科技成果，也需用不同的标准衡量，如同不能用同一经济指标来衡量农产品和高技术产品的创新价值。要使科技评价做到科学合理，科技活动以及成果需按照不同的指标及权重来衡量。②

同时，当前我国高校科研项目绩效评价中存在问题的另一个重要根源在于评价标准的错位。SCI 及其衍生品体现的是研究热点和学界关注热点，并非创新能力与科研成果水平的直接评价标准。不同类型的科研成果具有不同的成效反馈周期，"一把尺子"难以评价测度学术水平、创新贡献、前沿引领等全貌。要改变这种状况，涉及方方面面的改革，需要多方协同努力，

---

① 中华人民共和国科学技术部：《健全分类评价体系 从源头力促科技成果转化》，［2021－08－04］［2021－08－06］www. most. gov. cn/xxgk/xinxifenlei/fdzdgknr/fgzc/zcjd/202108/t20210804_176234. html。

② 钟志华：《建立客观公正的科技评价体系》，《光明日报》，2016 年 6 月 23 日。

措施得当,稳步推进。

第三节　第三方评价制度的实施流程比较

为确保科研绩效评价有序有效开展,在选取科研评价过程中,需要正确把握和处理好各项关系。一般来说,全面完整的评价流程应该包括前期的评价准备即事前评价阶段、中期的过程监督阶段、后期的完成评价阶段以及信息公开。从评价维度来看,美国、日本和我国的科研评价注重事前评价、事中评价与事后评价相结合,建立了全方位多层次的评价体系,但评价考核的侧重点各有不同。美国科研第三方评价机构总体上采取重视事前评价的思路,这也是大多数欧美国家科研评价的共同特征。日本在重视事前评价的同时,逐步加大追踪评价工作力度。我国高校科研评价存在"严进宽出""重立项、轻结项"现象,对于事前评价把握较为严格,对于事中、事后评价力度不够。

一、美国高校科研项目绩效第三方评价的实施流程

作为世界上最早确立以同行评议为资源分配机制的科研资助机构,美国科学基金会(NSF)每年要对上万件课题申报材料进行遴选,严格遵循评价程序开展评价活动。在科研项目申请阶段,首先,NSF通过发布评议准则、申请指南、计划指南、计划描述、各计划的申请征集书、计划通告等文件,向

申请人和评议人阐明其支持创新性研究的政策和意图。① 其次，NSF 职员对所有以电子形式提交的课题申请书是否发送到适当的项目中进行确认。再次，项目主管（program officers）负责组织对申报课题的评审，对每个申报课题指派至少 3 名外部专家评审，NSF 各学科部门领导监督各个阶段的评审过程。然后，评审专家基于学术价值和拓展影响两项价值评审标准给出评审结果。从此，项目主管综合考虑评审专家意见、各学科小组讨论结果及其他预算限制等有关因素后，对申报课题作出资助或拒绝资助的推荐意见。最后，部门主管等更高一级官员执行对所有项目主管推荐的总体项目审查。对于被推荐资助的申请课题，由"预算 、财务与资金管理"（Budget, Finance, and Award Management）办公室的一名官员执行行政审查。而对于被推荐大份额资助的申请课题，则要额外接受由评审委员会或美国国家科学委员会主任等更高一级机构的审查。② 为进一步提高同行评议的有效性和公正性，NSF 还开展了多渠道的监督和多层次的评价活动，并强调评价结果向社会公众发布，以保障社会公众知情权。

美国在进行科研项目事后评价时，较为普遍的做法是：把开题时的研究预测和课题论证、研究过程的计划执行、进展及阶段性结果的检验，甚至对研究项目最终的验收或评审等过程作为一个整体进行评价。评价大多根据阐述基础理论的 论文发表情况及被同行引用情况进行评议。应用性研究则通过专利审查、合同验收或根据在实践中的使用情况给出客观的评价。再

---

① 董高峰：《美国国家科学基金创新性项目资助政策研究》，中国科学院研究生院，2008 年，第 30 页。

② 华薇娜、刘芳：《美国科学基金会课题遴选的评价体系要述》，《学术界》，2010 年第 10 期。

以美国政府资助和管理科研项目和经费最多的美国国立卫生研究院(National Institutes of Health,NIH)为例,在项目通过评议并立项后,项目负责人必须按照项目方案或研究合同中的规定执行,且每年要向项目管理部门提交年度报告,汇报研究进展情况。在项目结束后要提交总报告,汇报项目完成情况,但一般不需要再进行项目结题评审或"鉴定"。[①]

二、日本高校科研项目绩效第三方评价的实施流程

日本高校科研项目绩效第三方评价包括四个阶段:其一是事前评价。依据国家相关政策针对研究计划方案的必要性、目标、妥当性、可行性等方面进行书面评价和同行评议;其二是中期评价,又称事中阶段。主要针对计划进展状况实施书面评价与实地考察评价,判断科研项目是否需要中断、中止、变更;其三是事后评价,又称完成评价。主要针对计划方案的目标达成情况以及科研成果的完成情况进行书面评价和实地考察;其四是追踪评价。追踪评价是日本科研评价的必经阶段,与事前评价、中期评价和事后评价同等重要。在研究项目结题后旨在运用结果指标评价科研成果产生的社会效益与经济效益等,并检验前三阶段评价的合理性和妥当性。

以日本政府出台的一项国家重大科研项目"21 世纪 COE 计划"为例,为确保政策顺利实施,提高研究教育活动评价的客观性、公正性和透明度,"21 世纪 COE 计划"第一次正式实施了重视结果的"基于绩效的第三方评价"

---

① 陈宁:《美国的科技评价与科研事后评价概况》,《全球科技经济瞭望》,2007 年第 12 期。

（Performance Audit）。日本文部科学省要求申报"21世纪COE计划"和"全球COE计划"的大学必须在接受由文部科学省认证的第三方评价机构——独立行政法人日本学术振兴会的综合评价后，才决定对入选项目提供建设资金支持，使评价结果与竞争性研究经费分配方式紧密结合在一起，体现出第三方评价结果在竞争性资金分配上的有效应用。

日本学术振兴会联合大学基准协会、大学评价·学位授予机构以及日本私立学校振兴·共济事业团成立了"21世纪COE计划"和"全球COE计划委员会"，负责COE评审细则的制定、COE的审查及对COE实施效果的评价等相关事务。"21世纪COE计划"和"全球COE计划"的相关评价方法、基准及内容除依据国家的《纲领性指南》，还参考了文部科学省的《有关文部科学省研究及开发的评价指南》（2005）。由"21世纪COE计划委员会"和"全球COE计划委员会"主导实施的评价活动包括由专家小组及各专业领域的有识之士组成的评价委员会分事前评价、中期评价和事后评价三个阶段。评价考核的重点是各COE申报单位基于目标而制定的COE建设计划的完成程度，在具体实施过程中偏重对业绩成果的评价。同时，为了使评价结果直接反映在竞争性研究资金的配置上，评价后对每个COE均作出相应结语，如项目课题可继续进行、项目课题应适当缩小实施范围、项目课题应终止等。其评价活动的主要运行步骤如下：首先，打破门槛全面放开申请限制，为国立、公立、私立大学之间搭建公平竞争平台；其次，委员会对各申请大学提交的申报资料进行书面审核，召开公开听证与合议评价会与各大学进行面谈，公布评价结果并根据评价结果分配预算；再次，开展全程评价过程中的中期评价，而后根据评价结果适度调整COE资助经费额度；最后，在

COE 项目实施完成后,对其进行事后评价。[1]

三、我国高校科研项目绩效第三方评价的实施流程

我国高校科研项目实行"课题负责制",科研人员对于科研项目"立项"狂热追逐,在论文发表数量、课题项目数量的评价指挥棒下,将大部分时间、精力耗费在撰写申请书、申请立项等环节,"拿课题"成为日常工作的重中之重。以我国国家自然科学基金委员会的项目评审为例,在基金委成立之初就确定了由通讯评议和会议评审构成的两级项目评审程序。在基金委的管理办法中明确规定了两级评审的步骤以及通讯评议和会议评审的相关程序要求。2007 年,国务院颁布施行的《国家自然科学基金条例》,进一步规范国家自然科学基金的使用与管理,明确了两级项目评审程序的法律效力。基金委针对不同项目类型对评审工作提出相应要求。例如,对于青年科学基金项目,要求评审专家关注申请人的创新潜力,而非像评审面上的项目那样注重研究队伍构成;对于面向国家经济社会和科技发展重大需求的重大项目,则要求专家考察研究内容与总体目标之间的相关性,还要评价研究队伍能否满足多学科交叉和综合性研究的开展。[2]

相较于申请立项,科研项目中期检查、项目结题验收标准相对宽松,评价力度不够,存在"重立项、轻验收""走形式"现象,造成高校课题撤项重灾

---

① 刘宝存、李润华:《我国世界一流大学建设与日本创建大学卓越研究中心政策比较研究》,《外国教育研究》,2011 年第 8 期。

② 国家自然科学基金委员会:《国家自然科学基金规章制度汇编》,法律出版社,2016 年。

区,"科研烂尾楼"频现。我国现行的科研评价仍然是行政部门主导的科研绩效评价,高校科研行政主管部门在评价自身科研水平和科研业绩时,往往只看重立项的层次和数量,基于结果评价范式采用量化方法对科研人员进行简单的绩效评价,在科研课题过程监管上则"睁一只眼、闭一只眼"。论文数量和科研经费的多少成为衡量高校科研人员的关键性指标,评价往往仅局限于判断功能,忽视了绩效评价结果的反馈和纠偏作用,对科研成果质量忽视严重,导致高校学术浮躁和急功近利之风盛行。尽管现阶段我国科研过程管理存在很多问题,科研评价改革的探索也已在各地陆续开展起来。一批处于优势地位的科研机构或高校开始尝试从结果评价范式向"过程—结果"评价范式转变,从课题设计、研究过程、成果转化等各环节对教育科研评价进行系统优化。清华大学、上海交通大学和南京大学等高校针对整个创新链中不同阶段和不同类型的科研活动,开展了各具特色的分类评价尝试。①

---

① 徐芳、龚旭、李晓轩:《科研评价改革与发展40年——以基金委同行评议和中科院研究所综合评价为例》,《科学学与科学技术管理》,2018年第12期。

第六章 我国高校科研项目绩效第三方评价的对策研究

改革开放 40 年来,我国高校科研评价改革与发展经历了以人才和成果评价为主的恢复与重建期(1978—1984)、以机构实践为主的探索与实践期(1985—2003)和政府介入管理的制度建设与规范期(2003—至今),取得了长足发展和显著成就。特别是党的十八大以来,科技体制改革稳步推进,科研评价改革成为国家政策关注的重点,一系列关于科研诚信、人才评价、项目评审的新政频出。这些政策性文件直面当前我国科研评价面临的分类评价不足、评价标准单一、评价手段趋同等突出问题,标志着我国科研评价进入深化改革期。目前,我国尚未完全建立具有科学权威、公开透明的科研绩效第三方评价体系。鉴于科研评价的复杂性,以及政策推进改革的重要性,从评价政策、评价主体、评价方法、评价标准、评价流程等维度研究我国科研绩效第三方评价制度,合理借鉴美国、日本科研绩效第三方评价经验对我国科研评价的发展将会大有裨益。

第一节　问题与挑战

　　党的十八大以来,随着科技创新活动中政府职能的归位,我国开始注重发挥政府在科研评价中的引导和推动作用。2016 年,习近平总书记在全国科技创新大会上,强调要改革科技评价制度,建立以科技创新质量、贡献、绩效为导向的分类评价体系;李克强总理要求改进对科研活动的评价机制。2018 年,习近平总书记在全国教育大会上强调,"要扭转不科学的教育评价导向,坚持克服唯分数、唯升学、唯文凭、唯论文、唯帽子的顽瘴痼疾,从根本上解决教育评价指挥棒问题"。《国家创新驱动发展战略纲要》《关于深化人才发展体制机制改革的意见》《深化科技体制改革实施方案》《关于深化项目评审、人才评价、机构评估改革的意见》《关于开展清理"唯论文、唯职称、唯学历、唯奖项"专项行动的通知》《关于深化项目评审、人才评价、机构评估改革的意见》《关于规范高等学校 SCI 论文相关指标使用 树立正确评价导向的若干意见》等一系列政策性文件对深入推进科研评价改革做出了系统部署。上述文件指出当前我国科研评价面临的突出问题,彰显了我国政府创新科研评价体制机制的决心。

一、科研绩效第三方评价主体缺位,"半官方机构"依附性过强

新时代中国教育要长期高质量发展,教育科研评价的优化与改革是重中之重。《关于深入推进教育管办评分离 促进政府职能转变的若干意见》《国家教育事业发展"十三五"规划》等文件的出台为深入推进我国科研评价改革创新提供了新的思路与方向。推进管办评分离,厘清政府、学校、社会三方权责关系,积极培育和依托社会第三方机构参与科研评价,充分发挥第三方评价的作用,树立"为促进教育科研的发展而评价"的指导思想,是全面推进和深化我国科研评价改革的重要举措。

然而在国家政策落实过程中遭遇到现实的困境是:谁来担当独立第三方评价机构?第三方是与评估对象、服务对象等"当局者"没有直接利益关系的、冷静的"旁观者"和"观察员"。第三方评价在国外公共管理领域被视为一项有效的外部监督、制衡机制,是保障公共决策客观、公正的必要路径。独立性是第三方评价机构最重要、最显著的特征,是保障评价结果客观公正的前提和起点,是第三方评价区别于其他评价的根本所在。真正的教育科研第三方评价应是独立于政府教育行政主管部门及其他有关部门之外的第三方组织实施的评价。在相关政策影响下,近年来我国陆续出现了一些具有第三方性质、带有评价功能的民间组织机构,但总体上相对弱小,分散经营,社会信誉不高,各自为战,缺乏协同。并且,短期内在我国还难以有一家或几家独立第三方科研评价机构成长发展到足以独撑门面的状态。并且,由于第三方评价组织的专业性、自主性与行政机构的执行特性难以兼存。

照搬将原本属于国家的行政机构从现有行政体系中分离出来,转变成独立行政法人的日本模式和做法,恐与我国国情不适。简言之,由于我国第三方科研评价专业机构尚处于发展初期阶段,其合法性地位及权利义务缺乏明晰的法律解释,一切都在尝试与摸索中试错前行,发展存在随意性且缺乏自律性,使得政府反复倡导的第三方评价政策面临主体缺位、"落地难"的困境。

另外,由政府部门主导下兴办起来的半官方科研评价机构的主要职责是支撑服务于政府部门的科技治理,其自治化水平较低,依附性过强而独立性较弱。这些机构在开展科研评价工作时,习惯于依赖政府部门的行政命令,无法完全脱离"行政化"影响,需要政府进行行政干预以弥补其自治功能的不足。职能权责不清和行政化干预在实际评价过程中容易加剧评价主体错位、"重理论、轻实践,重学术、轻应用"等不良倾向。同时,受限于运行体制或行政管理干预,这些机构缺乏市场拓展和竞争意识,尚未形成自己的核心业务和竞争力,规模难以满足日益增加的评价需求。因此,行政化色彩浓厚或成为我国部分半官方科研评价机构向独立第三方评价机构转变过程中的最大"拦路虎"。此外,这些机构运行管理经费自给率不足也是其依附性过强的诱因。我国第三方评价机构不论是教育部门直属单位还是挂靠性质的,资金来源多半依靠政府给予财政支持。第三方评价机构只有资金来源独立,与委托方和被评价方之间不存在行政隶属关系和经济利益关系,才能最大限度地规避各方利益风险,在评价的过程中能够坚持客观公正的评价标准,在最大程度上保证评价结果的真实性和准确性。

二、科研绩效评价导向不科学，评价方法与标准"量化至上"

随着我国经济增长方式转变，高等教育的发展重心已由规模扩张的"外延式"发展向以质量提升为核心的"内涵式"发展转移，以新发展格局引领高等教育高质量发展。教育评价事关教育发展方向，正确发挥其指挥棒功能，是推进教育治理能力现代化的应有之义。长期以来，我国高等教育领域和科技创新领域存在着不科学不正确的评价导向。现阶段我国教育科研评价在评价标准设立、评价制度构建、学术共同体自律、个人学术诚信建设等方面面临诸多现实难题，教育科研评价的指导思想尚未从"评优选拔的尺度"上转变过来，"为推动科技创新高质量发展而评价"的指导思想仍未变成大多数教育科研工作者的自觉实践。①

审视当前我国科研评价现状，发现"三轻三重"的评价理念阻碍了我国科技创新脚步。所谓"三轻三重"，即重科研产出轻立德树人、重量化指标轻服务贡献、重"一把尺子"轻多元评价。"三轻三重"的评价理念，造成了过于强调数量产出，尤其是涉及英文论文的科研指标，缺少对立德树人情况的科学考察；"三轻三重"的评价理念，使科研人员过度关注数量指标，引发了学术浮躁、弄虚作假等破坏学术生态的情况，科研服务国家和社会的正确价值观被量化的指标所淹没；"三轻三重"的评价理念，造成了科研学术评价的

---

① 高涵、付旭、邢艺濛：《改革开放以来中国教育科研评价研究：现状、热点及趋势》，《大学》（研究版），2020 年第 5 期。

"一刀切"情况,人才、学科和大学的个性与特色无法得到展现,"一把尺子"评价所有对象,造成了同质化现象严重。[①]

众所周知,科研评价必须遵循目的性、复杂性、合理性、慎重性和科学性五项原则。囿于评价本身的局限性,没有一项体系或模式可以对评价对象进行完美的评价。科研评价亦如是。单用 SCI 及其相关指标的量化简单思维,无法实现科研评价的复杂目标。我国科研评价体系与高校科研评价起步较晚,大致经历了行政评议、同行评议、指标量化评议等几个阶段。近年来,大学在知识创新和转移方面的功能被矮化成细小的量化指标,管理者和专业人士"出于行政管理和绩效考核"的需要"将错就错",科研活动被各种评价体系所掣肘,SCI 变成横行大学和科研的指挥棒。[②] 具体表现在:在政府层面,SCI 论文数量、被引次数、高被引论文、影响因子、ESI 等,是项目评审、"帽子"评选、各类审核与评估、评比与评价的主要指标之一。在高校和科研机构层面,论文数量、影响因子几乎成为高校和科研单位进行学位授予、教师招聘、职称晋升与科研奖励的唯一指标。在大学与学科第三方评价中,SCI论文数量、被引次数、高被引论文、影响因子、ESI 等,也是占其评价重要权重的指标,而这些排名备受各高校关注与追捧。[③] 如此一来,我国学术生态被改写,进而诱发"科技创新价值追求扭曲、学风浮夸浮躁和急功近利"的问题。

---

①③　刘静:《科研评价模式改革研究——基于破除"唯 SCI"的视角》,《中国高校科技》,2021 年第 3 期。

②　李军:《破"SCI 至上",科研评估如何改进》,《光明日报》,2020 年 3 月 3 日。

三、科研绩效评价动态监控机制不健全，评价内容不全面

我国高校实行的"课题负责人负责制"科研项目评价管理逐步走向制度化、规范化和科学化，取得了一定成绩，但评价程序缺乏系统性、全面性，过程动态监控失位或缺位状况普遍存在。我国科研项目评价重在"开始前"的事前评价和"结束"的完成评价，过程评价不力，追踪评价缺失。尤其是针对科研项目实施过程的评价，在专业评价机构的各类科研项目管理规范中，多是零星地涉及项目过程管理流程，欠缺具体的项目过程管理规章制度。各科研评价机构对科研项目过程监督采取委托管理模式，委托高校科研管理部门行使监督管理权，仅在课题负责人逾期不结项情况下，会对课题负责人所在管理单位给予相应处罚。而在高校层面鲜少会采取完整的科研项目过程管理模式，具体实施均由各项目课题组自行安排，待项目完成后，由课题负责人通过学校科研管理部门向申请单位提出结题或验收申请报告。高校科研管理部门对于科研项目实施过程、结题直至成果鉴定均缺乏足够的监督和动态跟踪评价。对科研项目实施重视不足间接造成了从高校科研管理部门到各科研项目负责人"重立项、轻管理""立项结题两头热，研究过程中间冷"的心态。

在我国科研评价实践蓬勃发展的同时，评价理论研究相对滞后，还未完全脱离全盘引进和照搬照抄的原始阶段。高校科研评价体系逐渐落后于现有科研创新模式，暴露出诸多弊端，未能完全达到科研评价应有的考核、约束和激励的目标。例如，完成评价过分注重形式和数量而忽视科研质量。

我国高校科研评价机制在鉴定科研成果价值时,看重科研成果发表的刊物级别、获奖等级、排名先后等,不符合科研活动规律和人才成长规律。评价覆盖范围狭窄,没有测度到学术水平、创新贡献、前沿引领等诸多方面。同时,科研唯数字化倾向明显,定量评价指标权重大于定性评价指标,对质量指标的考核缺乏明确的标准和依据,论文、著作数量成为评价达标的重要参考物。长此以往,必将导致学术界对学术素养的忽视,科研风气日趋"浮躁化""功利化",诱使高校科研人员追求耗时短、见效快、成果多的项目,放弃攻克有难度、高尖端的项目。此外,相较于科研项目的学术价值,科研评价对于应用性成果重视不足,忽视研究成果的转化和应用,削弱高校对服务国家战略与经济社会发展的关注,最终导致科研成果转化率不高,社会影响力不够,对推动经济发展和社会进步的拉动作用偏弱。[1]

第二节　对策与建议

公共资助研究绩效评价成为各国科技领域和教育领域政策中关注的重点。究其原因,一个是对基于证据的政策(Evidence – based Policy,EBP)和公共投资项目后评价(Post Project Evaluation)需求的日益增长。政府希冀通过评价结果确定公共研发和创新投资的经济效应和社会影响,并以此为依据确定有关部门应该在科学技术(Science and Technology,S&T)、研究与开发

---

① 　陈楠楠:《试论借鉴国外经验完善我国高校科研评价体系》,《高教探索》,2017 年第 1 期。

（research and development，R&D）、创新（innovation）领域投入多少资金。另一个是虽然受 21 世纪初全球金融危机的不利影响，世界经济增长呈放缓态势。但是为了提升科技竞争力，各国在财政吃紧、预算紧张的情况下仍大幅加大了对科技研发公共投资比重，故而对财政投入绩效评价的需求有所扩大。行之有效的科研评价是学术界推动科研创新持续发展，实施创新驱动发展战略的重要保障和手段。借鉴"他山之石"，探索构建中国特色高校科研项目绩效第三方评价体系，将对我国科研创新能力的提升与综合国力的强盛有重要促进意义。

一、加强跨部门联动协同，制定科研评价通用准则

科研评价体系的改革与完善是一项复杂的系统工程。当前，新时代的科研评价新理念、新思想，在学术界及科研管理部门得到广泛认同，具体操作层面的问题却日益凸显。科研评价体系的建立必须从中国实际出发，与我国科研发展阶段相适应，谨防缺乏调查研究的"拍脑袋"决策。任何脱离我国国情的科研评价方式，必将会导致一系列问题，成为科技创新发展道路上的"绊脚石"。

近年来，多部门联动机制、联席会议、领导小组逐渐成为我国科研评价相关政策推广与落实的业务工作交流、政策宣传培训、政策落实会商等平台。例如，中办与国办联合印发的《关于深化项目评审、人才评价、机构评估改革的意见》是由国家科技体制改革和创新体系建设领导小组负责"三评"改革工作的组织领导和统筹协调。国务院办公厅《关于完善科技成果评价

机制的指导意见》要求科技部发挥主责作用,牵头做好科技成果评价改革的组织实施、统筹指导与监督评估,教育部、中科院、工程院、中国科协等相关单位要积极主动协调配合。行业、地方科技管理部门负责本行业本地区成果评价的指导推动、监督服务工作。因此,新时代科研评价体系的构建需要发挥政府、高校与科研机构、社会等多元主体的协同互补作用,应由教育部与科技部建立跨部门协作配合机制,统筹协调各方的多元化利益诉求,找准利益平衡点,努力寻求"最大公约数",实现不同社会利益的有机整合。

改革完善科研评价体系,需要制定全国统一的,具有权威性、统筹性、指导性和专业性的科研评价通用准则。科研评价通用准则的制定是一个公共政策形成的过程,需要经历一个自上而下、自下而上反复酝酿与修改的过程。作为最早开展科研绩效评价的国家,美国的做法是政府通常负责制定评价的战略性原则和总体目标,各高校和研究机构根据政府设立的宏观性原则,根据自身特色和需要制定目的性质不一、方法手段不一、评价标准不一的评价制度。鉴于科研评价通用准则是要解决好"怎么评"的问题,我们在制定通用准则时应做到以下两点:第一,需要彰显国家意志,突出政府主导地位,加强中长期评价、后评价和成果回溯,健全科研评价流程和管理制度。第二,需要权衡多方利益诉求,凝聚共识,多方合力,进一步细化具体领域评价技术标准和规范,使成果评价能体现并符合科研渐进性和成果阶段性规律。

二、发挥多方主体作用,构建多元化科研评价体系

进行科研评价,公平、公正、客观是最基本的要求。要想达到这个目标,首要解决的问题就是:科研评价由谁来做?《国务院办公厅关于完善科技成果评价机制的指导意见》的原则是,构建政府、社会、市场、金融投资机构等共同参与的多元评价体系,为新时代高校科技高质量发展注入新动能。虽然我国现有科研评价体制和相关政策的制定尚未完全脱离"计划经济""政府主导"的束缚,但逐步朝着公平合理方向发展演进。充分发挥行业协会、学会、研究会、专业化评估机构等在科技成果评价中的作用,强化自律管理,健全利益关联回避制度,方能促进市场评价活动规范发展。

为了深入推进科研评价改革创新,我国政府在宏观政策层面多次提出积极培育和依托社会第三方机构参与科研评价,用好第三方评价,让科研评价工作不再"自拉自唱"。与此同时,更多扶持和引导举措陆续出台或正在酝酿之中,为我国科研第三方评价健康发展提供了"政策背书"。然而由于民间和社会化评价机构的专业水平参差不齐,社会公信力遭受质疑,使得时下方兴未艾的第三方评价地位尴尬。科研评价能完全交给第三方来做吗?答案不一。由于我国第三方评价机构的独立性、专业性和权威性均有待增强,学术界和社会对其评价结果的公正性毁誉参半。照搬照抄美国、日本"官督商办"模式,恐遭遇"水土不服"窘境。并且在我国很难出现哪一家独立第三方评价机构"一家独大"的局面。因此,亟须建立健全科技成果第三方评价机构行业标准,设置第三方机构资质准入机制,完善相关管理制度、

标准规范及质量控制体系。

构建多元化评价体系，既需要政府一方厘清、划定职能边界，改变"大包大揽"的做法，有力有序推进简政放权，又需要社会、市场、金融投资机构等"第三方"找准职能定位，到位不越位，守位不失位。多方聚力，各司其职，各尽其力，推进科技创新实现高质量发展。

三、汲取国内外成功经验，形成科研评价指标和方法

科研评价是学术共同体对科研产出和影响进行价值判断的重要过程，其制度建设应趋向于科学化、合理化。然而我国现有科研评价体系在评价指标和评价方法的选取上，难以满足新时代科技创新需求以及评价主体的期望。无论是"五唯"，还是"SCI 至上"，科研评价的文献计量指标日益成为饱受争议与诟病的焦点。任何评价标准一旦固化，就会逐步形成利益共同体。[1] 没有正确的标识、标准和语义，任何指标都会失去价值，如不及时加以匡正便会成为滋生"抱团腐败"隐患的土壤。为此，我国政府连续出台多项指导性文件，如教育部、科技部联合印发《关于规范高等学校 SCI 论文相关指标使用 树立正确评价导向的若干意见》[2]、教育部印发《关于破除高校哲

---

① 宋艳辉：《关于我国科研评价制度的思考》，《中国社会科学报》，2021 年 6 月 8 日。
② 中华人民共和国教育部：《教育部 科技部印发〈关于规范高等学校 SCI 论文相关指标使用 树立正确评价导向的若干意见〉的通知》，[2020－02－20][2021－06－20]www.moe.gov.cn。

学社会科学研究评价中"唯论文"不良导向的若干意见》》①,从宏观层面提要求、定原则,对科研评价工作做出了整体部署。

任何评价指标都只能体现评价客体的一个侧面。审慎地选择和使用一些定量指标,可以成为其他形式评价和决策的有益补充。破除"五唯"顽瘴痼疾,摈弃论文"SCI 至上",是当前我国教育科研评价改革的指导思想。但盲目的"一刀切"、以偏概全或矫枉过正都是不合适的。开展科研评价时,应关注学科背景的差异和学科多样性,考察反映科研水平的多种质量,而不是追求对科研质量的单一描述或单一测度指标。同行评议尽管有缺陷和局限,也常受到主观性、倾向性、权力滥用等指摘和批评,但指标的作用应该是支撑而不是替代专家判断。同样,在没出现更好的替代指标之前,论文仍是体现科研基本功和衡量科研水平的重要评价标杆之一。但计量只能为辅且宜简化,不能喧宾夺主。成熟的科研体系应有不同实践操作方略,需要同行评议、定量指标和定性指标的有机结合、合理搭配。

从微观层面落实科研评价原则、制定科研评价指标和方法时,建议做到以下几点:第一,理顺行政权力和学术权力两者关系,不应再让行政权力攫取学术权力,实现彼此并行不悖,相互补益;第二,破除单一评价体系,可尝试设置"代表性学术著作""成果转化情况(含专利转让、技术咨询、技术服务,以及成果引用或被采纳情况)""新药研发"等社会影响指标,进行多维度科研成效评价。第三,丰富既有文献计量指标和方法。科研评价归根结底

---

① 中华人民共和国教育部:《教育部印发〈关于破除高校哲学社会科学研究评价中"唯论文"不良导向的若干意见〉的通知》,[2020-12-10][2021-06-20]www.moe.gov.cn/srcsite/A13/moe_2557/s3103/202012/t20201215_505588.html。

是对科研人才的评价,可适当采用绩效管理的一些工具和方法加以衡量,如建立科研成果评价的"KPI"机制,使用关键绩效指标对成果转化情况、效率提升比率、获奖情况等可量化的成果进行考核;由于科研人才个体的能力和业绩水平是动态变化的,可采用 KTI 关键特质指标对科研目标达成度(是否达成国家重大课题或省部级优先关注课题甲方预设目标)进行测度。此外,还有 360 度评价、平衡计分卡(BSC)等常见的人才绩效考核方式。第四,应在立足本国国情的基础上,借鉴国外科研评价指标和方法的有益经验。改良后的评价指标尽量能与国际通用指标对照,便于与国际接轨。

四、建立科研评价信息服务平台,提高评价活动的公开透明度

在数字化和网络化的时代背景下,要开展行之有效的科研评价,离不开网络信息技术平台的支撑。随着国家信息化发展战略的逐步落实,我国信息基础设施与数字网络服务体系日趋完善。综合运用互联网、云计算、大数据、区块链等信息技术,加快推进"互联网+"国家级科研评价信息服务平台建设,已是大势所趋。该平台可由教育部、科技部牵头,中科院、工程院、中国科协、国家新闻出版署(国家版权局)、国家知识产权局等相关单位积极主动协调配合,落实推进平台成立、建设和运作。科研评价信息服务云平台应基于统一的科技成果评价通用准则和不同学科领域评价技术标准,建立科研评价的国家级同行评议专家数据库。同行评议专家以国内各高校、各科研机构副高级职称以上的学术研究人员为主体,并依据学科领域相应分类分级,广泛邀请海外知名学者参与,并且实现专家数据的动态更新。

云平台还要依托区块链技术建设完善国家科技成果项目库,实现科研项目的"分布式记账",确保数据的不可篡改性,保证科研项目全流程的真实可信和可核查;收录研究立项数据、研究成果概要(含研究实施状况报告书、研究实绩报告书、研究成果报告书等),提供信息授权查询等服务,便于各高校、各科研机构识别学术研究人员的真实科研水平,引导科研创新回归初心,促进更多科研人员静心笃志致力科学探索,以"十年磨一剑"精神在关键核心领域攻克科学难题,实现重大突破;根据不同应用需求制定科技成果推广清单,推动科技成果转移转化,增强科技成果流动性,更好地发挥科技进步对经济发展的支撑作用。综上,通过搭建科研评价信息服务平台,加大科研评价信息公开力度,可以提高科研评价活动的透明度,保障公众知情权,进而营造公平竞争、健康有序的科技创新环境,促进新时代高校优秀创新人才竞相涌现。

参考文献

一、中文文献

(一)专著

1. 国家自然科学基金委员会:《国家自然科学基金规章制度汇编》,法律出版社,2016 年。

2. 宋健:《现代科学技术基础知识》,科学出版社,1999 年。

3. 张利华:《日本战后科技体制与科技政策研究》,中国科学技术出版社,1992 年。

4. 张万朋:《高等教育经济学》,广西师范大学出版社,2004 年。

（二）期刊文章

1. 白强：《大学科研评价旨意：悖离与回归》,《大学教育科学》,2018 年第 6 期。

2. 蔡华健：《走向第三方教育评价：教育改进中的一个新议题——访中国教育科学研究院研究员储朝晖博士》,《生活教育》,2019 年第 5 期。

3. 蔡杨杰、方俐洛、凌文铨：《关于绩效评价若干基本问题的思考》,《自然辩证法通讯》,2001 年第 2 期。

4. 蔡永红、林崇德：《绩效评估研究的现状及其反思》,《北京师范大学学报》（社会科学版）,2001 年第 4 期。

5. 陈楠楠：《试论借鉴国外经验完善我国高校科研评价体系》,《高教探索》,2017 年第 1 期。

6. 陈宁：《美国的科技评价与科研事后评价概况》,《全球科技经济瞭望》,2007 年第 12 期。

7. 陈亚平：《英国高校科研评价体系及其启示》,《广西质量监督导报》,2019 年第 5 期。

8. 储朝晖：《中国第三方教育评价发展的机遇和挑战——兼论第三方教育评价机构联谊会发展》,《评价与管理》,2018 年第 2 期。

9. 崔亚娟：《高校科研管理的问题及策略研究》,《教育教学论坛》,2018 年第 50 期。

10. 代涛、李晓轩：《我国科技评价的问题分析与改革思路》,《中国科学院院刊》,2013 年第 6 期。

11. 杜伟:《高校科研评价现状与完善途径探析》,《高等教育研究》,2004 年第 4 期。

12. 杜向民、朱燕锦、刘兰剑:《英国人文社会科学成果评价体系及其借鉴》,《中国高教研究》,2014 年第 10 期。

13. 冯文宇:《大学科研评价体系的创新逻辑与改革建议》,《情报杂志》,2018 年第 5 期。

14. 高涵、付旭敏、邢艺潆:《改革开放以来中国教育科研评价研究:现状、热点及趋势》,《大学》(研究版),2020 年第 5 期。

15. 高江勇:《大学教育评价中的过度量化:表现、困境及治理》,《中国高教研究》,2019 年第 10 期。

16. 胡勇军、赵文华:《中美研究型大学科研经费管理的比较研究——以美国密西根大学和上海交通大学为例》,《现代大学教育》,2014 年第 3 期。

17. 华薇娜、刘芳:《美国科学基金会课题遴选的评价体系述要》,《学术界》,2010 年第 10 期。

18. 李晨光:《美国国立科研机构创新绩效评价的演进与启示》,《中国财政》,2018 年第 24 期。

19. 李春林、吴晓涵、林童、陆风:《高校科研管理体系对比分析——以卡迪夫大学和西北工业大学为例》,《科技管理研究》,2020 年第 10 期。

20. 李辉、赵嘉仁:《我国高校科技评价的问题及对策研究》,《中国集体经济》,2017 年第 23 期。

21. 李润华:《独立行政法人化改革后日本国立大学财政支援体系研究》,《比较教育研究》,2010 年第 8 期。

22. 林继志、张向前:《我国高校科研评价改进分析》,《科技和产业》,2010 年第 2 期。

23. 刘宝存、李润华:《我国世界一流大学建设与日本创建大学卓越研究中心政策比较研究》,《外国教育研究》,2011 年第 8 期。

24. 刘贵华、柳劲松:《教育科研评价的中国难题》,《高等教育研究》,2012 年第 10 期。

25. 刘静:《科研评价模式改革研究——基于破除"唯 SCI"的视角》,《中国高校科技》,2021 年第 3 期。

26. 刘丽华:《我国高校科研绩效评价的困境与审思》,《扬州大学学报》(高教研究版),2020 年第 2 期。

27. 刘莉、董彦邦、朱莉等:《科研评价:中国一流大学重大原创性成果产出少的瓶颈因素——基于国内外精英科学家的调查结果》,《高等教育研究》,2018 年第 8 期。

28. 刘瑞儒、何海燕:《世界一流学科建设中期绩效考核评估研究》,《研究生教育研究》,2018 年第 2 期。

29. 刘莹、张大群、李晓轩:《美国联邦科研机构的绩效评估制度及其启示》,《中国科技论坛》,2007 年第 9 期。

30. 刘宇文、周文杰:《我国高校科研奖励制度的现状与发展探索》,《高等工程教育研究》,2015 年第 4 期。

31. 卢苇:《国内外高校科研绩效评价体系比较研究》,《南京财经大学学报》,2014 年第 6 期。

32. 陆翙翙、郭胜伟:《美国高校科研评价及其借鉴》,《管理观察》,2016

年第 21 期。

33. 马千淳、王楠:《美国 STAR METRICS 项目的实施与评价——兼论对我国科技政策与科研评估的启示》,《科技管理研究》,2020 年第 21 期。

34. 孟昭海、刘贵华:《教育科研评价如何走出困局》,《教育研究》,2020 年第 10 期。

35. 南佐民:《〈拜杜法案〉与美国高校的科技商业化》,《比较教育研究》,2004 年第 8 期。

36. 邱均平、丁敬达:《科研评价指标体系优化方法研究——以中国高校科技创新竞争力评价为例》,《评价与管理》,2010 第 1 期。

37. 沙锐、吴根:《PDCA 循环管理在科技计划项目质量改进中的运用》,《科技管理研究》,2021 年第 6 期。

38. 苏晓影、徐清、傅劲翔:《基于 PDCA 循环的科研项目绩效管理》,《项目管理技术》,2020 年第 4 期。

39. 孙阳春、徐安琪:《我国第三方教育评估机构的公信力水平研究》,《中国高教研究》,2021 年第 3 期。

40. 汪静:《高校科研评价体系的现状及对策》,《中国高校科技》,2012 年第 10 期。

41. 王楠、张莎:《构建以跨学科和社会影响为导向的科研评估框架——基于英国"科研卓越框架"的分析》,《中国高教研究》,2021 年第 8 期。

42. 王启龙、汤霓:《委托代理理论视野下职业教育第三方评价:潜在风险、行为博弈与应对策略》,《职教通讯》,2020 年第 2 期。

43. 王学松:《试析美国高校教师科研绩效评价机制》,《合作经济与科技》,2013 年第 23 期。

44. 王战军、雷琨:《日本"全球顶级大学计划"中期评估及启示》,《中国高等教育》,2019 年第 22 期。

45. 吴定会、翟艳杰、纪志成:《论大数据背景下我国高校科研项目过程管理动态跟踪模式的构建》,《中国社会科学院研究生院学报》,2015 年第 4 期。

46. 吴定会:《我国高校科研项目管理动态跟踪评价体系的构建与案例验证》,《中南大学学报》(社会科学版),2015 年第 8 期。

47. 吴凡洁、张海娜:《国外学术评价体系浅析及启示》,《科技传播》,2018 年第 16 期。

48. 吴杨、乔楠、施永孝:《大学科研创新评价的国际经验与启示——基于英国、澳大利亚、日本、韩国科研评价体系特点的考察》,《科学管理研究》,2018 年第 2 期。

49. 项贤明:《论学术管理理念与高校内部管理体制改革》,《北京师范大学学报》(社会科学版),2004 年第 6 期。

50. 熊丙奇:《有序推进教育第三方服务》,《上海教育评估研究》,2015 年第 1 期。

51. 徐芳、龚旭、李晓轩:《科研评价改革与发展 40 年——以基金委同行评议和中科院研究所综合评价为例》,《科学学与科学技术管理》,2018 年第 12 期。

52. 徐红、刘在洲、陈承:《高校科研质量评价标准研究》,《高校教育管理》,2016 年第 5 期。

53.学白羽、李美珍:《中美政府部门对高校科研经费的投入及管理方式比较》,《清华大学教育研究》,2004 年第 12 期。

54.阎凤桥、闵维方:《从国家精英大学到世界一流大学:基于制度的视角》,《北京大学教育评论》,2017 年第 1 期。

55.杨德春:《关于科学计量学的性质及在教育评估中的地位》,《高教研究与实践》,2016 年第 3 期。

56.杨瑞仙、梁艳平:《国内外高校科研评价方法比较研究》,《情报杂志》,2015 年第 9 期。

57.杨雯雯、丁海忠、谢圣华:《基于"放管服"视角高校科研经费管理优化研究——对日本三所高校调研的启示》,《科技经济导刊》,2020 年第 35 期。

58.杨忠泰:《高校科研分类评价探析》,《中国科技论坛》,2011 年第 12 期。

59.余凯、杨烁:《第三方教育评估权威性和专业性的来源及其形成——来自美、英、法、日四国的经验》,《中国教育学刊》,2017 年第 4 期。

60.袁永和:《高校教师科研评价中的问题与对策》,《广东技术师范学院学报》(社会科学),2011 年第 11 期。

61.张爱:《日本大学第三者评价的运行机制》,《比较教育研究》,2006 年第 4 期。

62.张尔秘、史万兵:《美国高校人文科学教师科研绩效评价体系特征与借鉴》,《沈阳师范大学学报》(社会科学版),2020 年第 1 期。

63.张富利、蔡跃龙:《科研分类管理评价问题研究》,《教育时空》,2019

年第 12 期。

64. 张国春:《借鉴国际科研计量评价方法构建新的人文社会科学科研评价体系》,《社会科学管理与评论》,2001 年第 1 期。

65. 张济洲:《美国高校科研经费分配的同行评议:本质、局限与改进——以美国国家科学基金会(NSF)资助为例》,《中国高教研究》,2011 年第 10 期。

66. 张凯泽:《我国高校纵向科研项目管理制度现状、问题与对策》,《河南财政税务高等专科学校学报》,2016 年第 1 期。

67. 张喜梅、蔡浩林:《政府在高等教育评估中的职能定位:日本的经验》,《煤炭高等教育》,2008 年第 1 期。

68. 张旭红:《美国高校评审之评介》,《首都经济贸易大学学报》,2004 年第 3 期。

69. 郑睦霞:《我国高校科研经费管理存在的问题及对策研究》,《云南科技管理》,2009 年第 1 期。

70. 钟秉林、王新凤:《我国"双一流"建设成效评价的若干思考》,《高校教育管理》,2020 年第 4 期。

71. 周琬馨、李泽彧:《日本学术评价的特点与启示——基于"大纲性指针"的解析》,《宁波职业技术学院学报》,2018 年第 8 期。

72. 周玉容、沈红:《大学教学同行评价:优势困境与出路》,《复旦教育论坛》,2015 年第 3 期。

73. 朱军文、刘念才:《高校科研评价定量方法与质量导向的偏离及治理》,《教育研究》,2014 年第 8 期。

74. 朱军文、刘念才：《科研评价：目的与方法的适切性研究》，《北京大学教育评论》，2012 第 3 期。

75. 宗晓华、陈静漪：《英国大学科研绩效评估演变及其规制效应分析》，《全球教育展望》，2014 年第 9 期。

76. 邹毅：《基于 PDCA 循环的高校科研管理廉政风险防控研究》，《东南学术》，2016 年第 2 期。

（三）报纸

1. 陈磊：《第三方科技评价理论与实践成果发布》，《科技日报》，2015 年 10 月 22 日。

2. 储朝晖：《迟迟不就位的第三方教育评价》，《光明日报》，2016 年 1 月 26 日。

3. 陆琦：《大学科研的投入与产出》，《科学时报》，2009 年 5 月 4 日。

4. 李军、田小红、张升芸：《全球排名和科研评估使大学深处危机》，《光明日报》，2016 年 8 月 23 日。

5. 李军：《探索"后 SCI 时代"科研评估方案》，《社会科学报》，2020 年 4 月 2 日。

6. 任羽中、吴旭、赵颖：《日本屡获诺贝尔奖的启示》，《学习时报》，2019 年 1 月 23 日。

7. 沈春蕾：《第三方科技成果评价：用专业说话》，《中国科学报》，2019 年 7 月 25 日。

8. 宋艳辉：《关于我国科研评价制度的思考》，《中国社会科学报》，2021

年6月8日。

9.王小梅:《高校科研评价应与自身使命相适应》,《人民日报》,2015 年
7月21日。

10.余江:《英国科研评价体系及其借鉴问题》,《中国社会科学报》,2014
年7月30日。

11.严蔚刚:《科研评价应遵循什么基本原则——"A 类期刊"与莱顿宣
言、旧金山宣言的对话》,《光明日报》,2016 年 7 月 12 日。

12.钟志华:《建立客观公正的科技评价体系》,《光明日报》,2016 年 6
月23日。

二、外文文献

(一)专著

1. Burton R. Clark, *The Higher Education System—Academic Organization in Cross – National Perspective*, The University of California Press, 1982.

2. Elaine El – Khawas, External Scrutiny, *US Style*: *Governments and Professional Education*, Society for Researchinto HE and Open University Press, 1994.

3. 馬場靖憲,後藤晃:『産学連携の実証研究』,東京大学出版会,2007.

(二)期刊文章

1. Campbell, J. P, Francisco. Murphy. G. Human resource management, 6th

edition chapter 12, *International Journal of Project Management*, 1993.

2. Henk E, Moed, Mare Luwel etal., Towards research performance in the Humanities, *Library Trends*, 2002(3).

3. Spier R., The history of the peer – review process, *TRENDS in Biotechnology*, 2002, 20(08).

（三）网络文献

1. Jennifer A. Henderson, J. D., M. P. H. John J. Smith, M. D., J. D. Academia, *Industry, and the Bayh – Dole Act：An Implied Duty to Commercialize*, http：//isites. harvard. edu/fs/docs/icb. topic451262. files/Bayh – Dole_Henderson _Smith. pdf.

2. The White House, *Government Performance Results Act of* 1993, https：// obamawhitehouse. archives. gov/omb/mgmt – gpra/gplaw2m.

3. The White House, *The Government Performance and Results Modernization Act of* 2010 , https：//obamawhitehouse. archives. gov/omb/performance/gprm – act.

4. 公益財団法人日本高等教育評価機構：『大学機関別認証評価実施大綱（令和 2 年 4 月 1 日施行）』, https：//www. jihee. or. jp/achievement/college/ pdf/jisshitaiko200401. pdf. 2021 – 03 – 15.

5. 内閣府：『科学技術基本計画及び科学技術・イノベーション基本計画』, https：//www8. cao. go. jp/cstp/kihonkeikaku/index. html. 2021 – 03 – 26.

6. 日本内閣府：『国の研究開発評価に関する大綱的指針』, https：//

www8. cao. go. jp/cstp/kenkyu/20121206sisin. pdf.

7. 日本学術振興会:『科学研究費委員会組織図(令和 2 年 12 月 14 日改正)』,http://www. jsps. go. jp/j – grantsinaid/01 _ seido/03 _ shinsa/data/h31/R1_shinsa_soshikizu. pdf/2021 – 03 – 31.

8. 日本学術振興会:『令和 2(2020)年度科研費等の審査に係る総括について』,http://www. jsps. go. jp/j – grantsinaid/01 _ seido/03 _ shinsa/data/r02/R2_shinsa_soukatsu. pdf/2021 – 03 – 31.

9. 日本学術振興会:『令和 2(2020)年度特別推進研究の研究進捗評価・中間評価について』,http://www. jsps. go. jp/j – grantsinaid/25_tokusui/hyouka_02. html/2021 – 03 – 31.

10. 日本学術振興会:『審査における評定基準等(令和 3(2021)年度)—基盤研究(S)の書面審査における評定基準等』, http://www. jsps. go. jp/j – grantsinaid/01 _ seido/03 _ shinsa/data/r03/r3hyouter01 _ja_s. pdf/2021 – 03 – 31.

11. 日本学術振興会:『審査委員名簿—平成 30(2018)年度科学研究費委員会組織図』,http://www. jsps. go. jp/j – grantsinaid/01 _ seido/03 _ shinsa/shinsa_meibo/30. html/2021 – 03 – 31.

12. 日本学術振興会:『研究概要・成果—私と科研費』,https://www. jsps. go. jp/j – grantsinaid/29_essay/no71. html. 2021 – 04 – 02

13. 田中久德:『競争的研究資金制度—不正防止対策と審査制度の拡充を中心に—』,https://dl. ndl. go. jp/view/download/digidepo_1000633_po_0555. pdf? contentNo =1. 2021 – 03 – 28.

14. 文部科学省:『令和 2 年版科学技術白書本文—第 4 章科学技術イノベーションの基盤的な力の強化』, https://www. mext. go. jp/component/b_menu/other/_ icsFiles/afieldfile/2020/06/15/1427221 _ 017. pdf. 2021 － 03 －28.